특별한
너라서
고마워

# 특별한
# 너라서
# 고마워

장애아 가족들의 슬픔과 기쁨
그리고 사랑

김혜원 지음

오마이북

여는 글

# 힘들수록 더욱 아끼고 사랑하는 사람들

15년 전 어느 가을, 경기도 광주시에 있는 한 장애인 복지시설의 문을 처음 열고 들어서던 그날을 잊지 못한다. 당시 나는 학교에서 말썽을 일으키던 중학교 2학년짜리 아들과 함께 그곳을 찾았다. 장애인 영아원에 일손이 부족하니 어린아이들 보살피는 일을 도와주면 좋겠다는 복지관 선생님의 안내를 받고 별관 건물로 들어서는 순간이었다. 입구의 반대편 창을 통해 쏟아지는 햇살을 등에 지고 우리를 향해 비틀비틀 걸어오는 아이가 보였다. 순식간에 코앞까지 다가온 그 아이는 마르고 비틀어진 팔다리를 한 뇌성마비 소녀였다.

세상에 태어나 처음으로 눈앞에서 장애인을 마주한 아들은 슬금슬금 뒷걸음질을 쳤지만 소녀는 아랑곳 않고 다가와 와락 허리를 안았다. 그러고는 익숙한 듯 아들의 손을 잡고 방으로 이끌었다. 소녀의 이름은 사라. 그 방에서 지내는 아이들 가운데 걸을 수 있는 아이는 사라뿐이었다. 머리가 몸보다 두 배는 커 보이는 아이, 팔다리가 없어 몸통으로 바닥을 굴러다니는 아이, 듣지도 보지도 못하고 하루 종일 잠만 자는 아이, 어디가 아픈지 울기만 하는 아이……. 처음에는 선뜻 다가서지 못했지만, 낯선 자신에게 관심을 보이고 애정을 표하는 아이들에게 아들은 차차 마음을 열어갔다. 울면 안아주고 우유를 먹이고 기저귀를 갈고 목욕을 시키는 등 아이들과 살을 맞대며 바쁜 일주일을 보냈다.

아이들을 돌보는 내내 아들과 나는 아무런 대화도 하지 않았다. 아들은 아들의 일을, 나는 내 일을 할 뿐이었다. 그런데 하루하루 시간이 지나면서 굳어졌던 아들의 표정이 조금씩 밝아지는 것이 느껴졌다. 웃음을 잃었던 녀석의 얼굴에 미소가 돌아오기 시작했다.

고된 시간이었지만 일주일은 빠르게 흘렀고, 마지막 봉사활동을 마치고 집으로 돌아오는 길에 아들이 쭈뼛쭈뼛 말을 걸어왔다. 사라를 비롯한 아이들이 잘 지내는지 궁금할 것 같다며 앞으로도 계속 복지센터에 오고 싶다고 했다.

이후 아들의 바람대로 우리는 봉사활동을 계속 다녔고, 폭풍처럼 거칠었던 아들의 사춘기는 한결 잠잠해졌다. 멀어졌던 모자 관계도 자연스럽게 회복되었다. 잠시 태풍의 핵 속에서 벗어나 자신을 바라볼 수 있게 해주고 싶어서 시작했던 봉사활동. 처음에는 장애아들을 돕겠다는 생각으로 시작했지만 큰 도움을 받은 쪽은 오히려 우리 모자였다.

장애아들과의 인연은 그렇게 계속되었다. '봉사는 중독이다' 라는 말처럼 매주 천사 같은 아이들을 만나지 않으면 삶에서 뭔가 중요한 것을 빼먹은 듯한 허전함이 느껴졌다. 오랜 시간 아이들과 함께하면서 자연스럽게 그 아이의 엄마들과도 친분을 나누게 되었다.

처음에는 장애아 엄마들에 대한 연민과 동정의 시선이 나에게도 있었다. 매일매일 얼마나 힘들까, 얼마나 괴로울까, 정신적으로 육체적으로 물질적으로 얼마나 어려움이 많을까. 하지만 오랜 관계를 유지하며 부모들의 이야기를 들어보니, 그들을 힘들게 하는 것은 단순히 장애아를 키우는 어려움만이 아니었다. 한 엄마는 내게 이렇게 털어놨다.

"정작 힘들고 괴로운 건 위태롭고 느리게 커가는 아이가 아니에요. 비장애인들의 불편한 시선이죠. 편견도 동정도 싫어요. 그냥 있는 그대로의 한 사람으로 받아들여 주면 고맙겠어요."

《특별한 너라서 고마워》의 기획은 2011년 오마이북에서 출간한 《나 같은 늙은이 찾아와줘서 고마워》로부터 시작했다고 해도 과언이 아니다. 독거노인 열두 분의 삶을 담은 이 책이 나오고 1년쯤 지났을 때 사회복지법인 밀알복지재단에서 연락이 왔다. 《나 같은 늙은이……》를 읽고 많은 감동을 받았다며, 힘든 일들을 극복하고 열심히 살아가는 장애아들의 부모 이야기를 취재해서 〈오마이뉴스〉에 소개해주길 바란다는 요청이었다.

어쩌면 이 또한 운명이 아닐까 하는 생각이 들었다. 나와 내 아들의 삶에서 큰 자리를 차지하는 장애아와 그 부모들의 이야기를 전하는 일이라면 거절할 이유가 없었다. 게다가 그 어떤 부모보다도 가장 위대하고 감동적인 장애아 부모들의 이야기를 언젠가는 세상에 소개하고 싶다는 생각을 이미 하고 있던 터였다.

뇌성마비 장애아 현호를 키우며 장애인부모협회에서 활동하는 박향숙 씨, 1급 자폐성 장애아 영규를 눈물로 키워낸 도경미 씨, 연골무형성증 때문에 남보다 왜소한 몸을 지닌 예인이를 온 힘을 다해 지켜주는 이선혜 씨, 자폐성 장애아 세준이가 천재적 미술 솜씨를 발휘할 수 있도록 적극적으로 지원해주고 있는 윤혜선 씨, 레녹스-가스토 증후군 때문에 끊임없이 발작을 일으키는 정우를 꿋꿋하게 키우고 있는 민선희 씨, 가슴 아픈 사고로 죽음의 문턱까지 갔다가 뇌병변 장애를 얻은 동욱이를 기적적으로 회복시키고 있는 문은희 씨, 자폐성 장애가 있는 한결·한길이의 사춘기 시절을 돌보다가 장애인 성교육 강사가 된 우진아 씨, 무뇌수두증을 앓고 있는 찬송이가 친부모에게 외면당하자 집으로 데려와 어려운 환경에서도 지극 정성으로 키우고 있는 이상일·강희숙 씨, 선천성 희소병인 코넬리아디란지 증후군을 지닌 혜연이를 누구보다도 예쁜 딸로 키우고 있는 황보석·김진영 씨, 청각 장애아 주영이에게 밤새도록 말을 가르친 남미례 씨, 자폐성 장애아 관태를 어엿한 바리스타로 성장시킨 필감려 씨.

2012년 8월 첫 취재를 시작으로 그해 11월 말까지 부모들과 열한 번의 만남을 가졌다. 아이의 장애, 나이, 환경 등은 모두 달랐지만 내가 만난 부모들은 누구라고 할 것 없이 모두 훌륭하고 존경스러웠다. 그들은 모성애와 부성애가 무엇인지를 삶으로 보여주었다.

더욱 놀라운 점은 그들이 삶을 그저 고통스럽게만 받아들이지 않았다는 것이다. 어려울수록 더욱 사랑하고, 힘들수록 더욱 아껴주고, 고통스러울수록 더욱 하나가 되는 가족이었다. 작은 실수에도 쉽게 실망하고 뜻하지 않은 난관을 만나면 서로 외면하고 버리고 헤어지는 요즘의 가족 풍토에 빗대어볼 때, 사랑으로 똘똘 뭉쳐서 고통을 이겨내는 이들의 가족애는 커다란 감동을 주기에 충분했다.

장애아 부모들을 만나고 기사를 쓰고 책 원고를 다듬을 때마다 감정이 앞서서 한바탕 눈물을 쏟고 다시 자판을 두드리기도 했다. 하지만 되도록이면 그들의 목소리를 담백하게 담으려고 노력했다. 억지 감동을 끌어낼 필요가 없을 만큼 그들의 이야기는 날것 그대로도 가슴을 움직였기 때문이다. 그래서인지 기사가 나간 후 독자들의 격려가 이어졌다. 밀알재단에 후원을 문의하는 전화가 이어졌고, 열악한 환경에 놓인 찬송이 가족 등 몇몇 가정을 돕고 싶다는 연락이 〈오마이뉴스〉를 통해 밀려들었다. 무엇보다도 비슷한 처지에 있는 많은 장애아의 부모들이 위로를 받고 힘을 얻었다며 감사를 담은 메일과 전화를 줄 때마다 말할 수 없이 기뻤다.

기사에 많은 관심을 보여준 독자들도 물론이지만, 책이 나오기까지 가장 고마운 분을 꼽으라면 역시 인터뷰에 응해준 장애아와 부모님 들일 것이다. 어쩌면 칼로 베어낸 상처에 소금을 뿌리는 고통일 수도 있었다. 하지만 솔직하고 담담하게 이야기를 들려준 그분들께 다시 한번 존경과 감사를 전하고 싶다.

책에 담긴 사진 이야기도 빼놓을 수 없다. 백 마디 말보다 더 큰 울림을 주는 한 장의 사진을 얻어내기 위해 기자인 나보다 더 긴 시간과 더 많은 수고를 기쁘게 감당해준 추연만 작가의 아름다운 재능과 수고에 아낌없는 감사를 전한다.

기획과 취재의 바탕을 제공한 밀알재단, 자료를 수집하고 동행하며 취재를 도와준 김미란 주임, 보잘것없는 글에 관심과 격려를 아끼지 않으며 책으로 엮어준 오마이북에도 감사를 표하고 싶다.

지난 시간을 되돌아보다가 문득 창밖을 보니 솜사탕 같기도 하고 떡가루 같기도 한 함박눈이 펑펑 내린다. 높은 곳, 낮은 곳, 널따란 곳, 후미진 곳을 가리지 않고 고르게 내리는 저 눈처럼, 이 책이 우리 사회의 소외된 모든 곳들에 따뜻한 관심과 사랑을 전하는 데 보탬이 되길 바란다.

2014년 1월

김혜원

## 차 례

# 눈물을 지우는

# 힘찬 노래

* 뇌성마비 장애 현호와
엄마 박향숙

100년 만의 폭염이 한반도를 달구었던 2012년 8월의 아침. 말복이 지났지만 바람 한 점 없는 하늘에서는 뜨거운 태양이 모든 것을 익혀버릴 듯한 열기를 뿜고 있었다. 어려운 환경에 처한 사람들에게는 더욱 혹독하기 마련인 폭염과 혹한. 하루 대부분의 시간을 휠체어 위에서 지내야 하는 뇌성마비 장애인 현호(17)와 현호를 도와주어야 하는 엄마 박향숙(41) 씨가 흘릴 땀을 생각하니 문득 높다란 파란 하늘이 원망스러워졌다.

현호네 집은 경기도 의왕시 오전동에 위치한 매입임대주택(기초생활수급자나 한부모 가족, 월평균 소득의 50퍼센트 미만인 저소득층의 안정적

주거를 위한 공공임대주택)이다. 택배 일을 하는 아빠 박광철(48) 씨의 100만 원 남짓한 한 달 수입으로는 언감생심 꿈도 꾸지 못할 크기의 집이지만, 5000만 원의 대출까지 얻어서 무리하게 입주했다. 몸이 불편한 현호는 물론이고 하루가 다르게 커가는 세 아들을 위한 배려였다.

"애들이 넷이나 되고 현호의 몸이 자유롭지 못하다 보니 작은 집에서 살기가 힘들더라고요. 예전에 살던 집은 13평 정도였는데 집 크기도 그렇지만, 여섯 식구가 화장실 하나를 같이 써야 하는 등 불편한 점이 한두 개가 아니었어요. 현호를 위해서라도 화장실이 크고 넓은 집이 필요했어요."

아침마다 벌어졌던 화장실 소동. 출근하는 아빠부터 학교에 가는 세 아들까지 한꺼번에 일어나 정신없이 씻는 중에 누구 하나라도 볼일이 급하면 난리가 났다. 게다가 몸이 불편한 현호가 열 살이 넘어가면서부터는 좁은 공간에서 씻기는 일이 너무나 힘겨웠다. 씻을 때마다 엄마가 도와줘야 하는데, 13평짜리 집에 딸린 목욕탕은 둘이 들어가기에 너무 좁았다. 씻는 도중 현호가 벽이나 바닥, 변기에 부딪히기 일쑤였다.

엄마와 아빠는 이런 현호를 위해 허리띠를 졸라 맬 각오를 하고 넓은 집으로 이사를 했다. 하지만 또 다른 문제가 생겼다. 엘리베이터가 없는 다가구 주택 3층까지 현호는 난간에 몸을 의지하며 기다시피 해야 겨우 오를 수 있었다.

"이사 오기 전에 현호한테 물어봤어요. '그 집에는 엘리베이터가 없는데 어떻게 할까' 하고요. 현호도 좁은 집이 싫었는지 '가자' 고 하더라고요. 엄마 도움 없이 올라가겠으니 이사를 가재요. 동생들도 자기들이 형을 도울 테니 넓은 집으로 옮기자고 하고요. 그렇게 이사를 결정했어요."

현호는 박향숙 씨가 스물아홉 살에 얻은 귀한 아들이다. 결혼 4년 만에 기다리던 임신 소식을 들었을 때 그녀는 뛸 듯이 기뻤다. 아이는 언제 가질 거냐고 싫은 소리를 하던 시아버지 앞에서도 더 이상 주눅 들 이유가 없었다. 당연히 남편도 기뻐했다. 더구나 쌍둥이라니 그 기쁨이 두 배였다. 기다리던 아이인 만큼 건강하게 낳아 훌륭하게 키우자고 부부는 약속했다.

임신 기간 중에는 큰 탈이 없었다. 쌍둥이라 그런지 때로는 배가 뭉치고 아파오기도 했지만 임신을 핑계로 몸을 사리지는 않았다. 부지런히 움직이고 일도 하면 순산에 도움이 되리라고 생각했다. 그런데 어찌된 일인지 임신 8개월 만에 조산의 위기를 맞았다.

"수술하기 전에 의사가 아이 심장소리를 들려주면서 '큰아이 심장소리입니다. 작은아이 심장소리입니다' 그랬어요. 수술만 하면 두 아이를 안고 집으로 갈 수 있다고 생각했죠. 그런데 수술실에서 '보호자도 없는데…… 산모는 어떻게 해?' 하는 간호사들의 말소리가 들리더라고요. 뭔지 모를 불안한 맘이 들었지만 그래도 큰 걱정은 안 했는데……."

향숙 씨는 병실을 지키고 있던 남편이 할머니 이사를 도와드리러 잠깐 자리를 비운 사이 출산을 했다. 갑작스럽게 잡힌 수술이었기 때문에 남편에게 알릴 겨를도 없었고 모든 일이 다급하게 진행됐다. 그렇게 아이를 낳고 마취에서 깨어나 보니 남편이 돌아와 있었다. 남편은 신생아실에서 두 아이를 보고 왔다면서 큰아이가 조금 아프지만 의사가 곧 나아질 것이라고 했으니 아무 걱정 말고 편히 쉬라는 말로 향숙 씨를 위로했다.

"아이가 아프다는 말에 정신이 번쩍 들었어요. 어디가 어떻게 아픈지 말도 안 해주고 그냥 아프다고만 하니 그게 무슨 말인지……. 의

세상의 편견과 동정 속에서

현호가 좌절하지 않기를 엄마는 매일 기도한다.

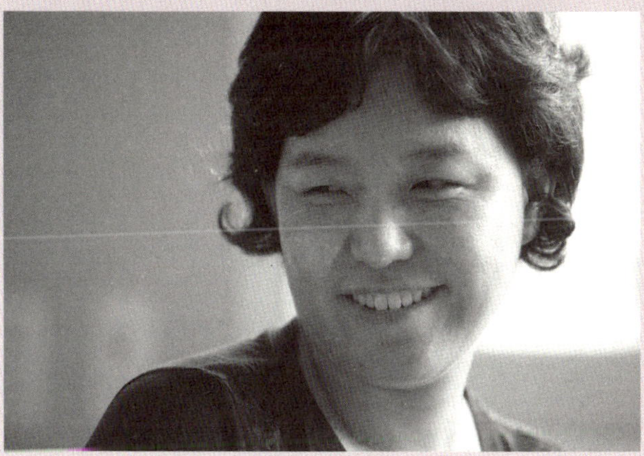

사와 간호사는 수술자리가 아물지 않아서 움직이면 안 된다고 말렸지만 아픈 배를 끌어안고 아기를 보러 갔어요. 그 작은 것이 인큐베이터에 들어가 코에 호스를 끼고 있는데 얼마나 안타까운지 눈물이 절로 나오더라고요. 하지만 그때까지도 인큐베이터에서 며칠 치료 받으면 좋아질 줄 알았어요."

아기는 분만 당시 삼킨 양수가 폐로 넘어가서 심각한 신생아 폐렴에 걸려 있었고, 출산 당시 5분 동안이나 자가 호흡을 하지 못한 채 무호흡 상태에 있었다. 병원에서는 이미 70퍼센트 정도의 뇌성마비 가능성을 이야기했지만 현호 아빠는 아내가 받을 충격 때문에 사실을 말할 수 없었다.

"며칠이 지나도 아이가 도통 좋아지질 않았어요. 남편에게 다그쳐 물었더니 그제야 다 털어놓으면서 펑펑 우는 거에요. 저도 남편을 붙잡고 펑펑 울었죠. 하지만 남편이 그러더라고요. 처음에 아기가 위험하다고 할 때 기도했대요. 평생 누워만 있어도 좋으니 살려만 달라고요. 살아서 부모 곁에 있게만 해달라고요. 그러니 장애가 있다고 해도 우리 곁에 남겨주셨으니 감사하고 사랑하며 살자고 하더라고요."

함께 태어난 쌍둥이 동생은 3일 만에 엄마와 같이 집으로 돌아왔지만 현호는 그 뒤로도 20일 동안 인큐베이터 신세를 져야 했다. 폐렴이 가라앉고 간신히 퇴원할 수 있는 몸무게가 되어 집으로 온 현호. 엄마는 현호의 뇌성마비 가능성을 믿고 싶지 않았다. 하지만 6개월쯤 되니 현호의 상태가 쌍둥이 동생 현준이와 확연하게 차이 나기 시작했다. 함께 태어난 현준이가 앉고 기고 서고 걷는 동안, 현호는 누운 몸을 일으킬 줄 몰랐다.

불행은 겹쳐서 오는지, 때마침 불어닥친 IMF 외환위기로 현호 아빠의 정수기 사업이 도산 지경에 이르렀다. 기우는 사업을 다시 일으켜 세우기 위해 안간힘을 썼지만 그럴수록 어려움은 더해갔다. 그러던 중 셋째 현빈이가 태어났다. 갑자기 가세가 기울다 보니 갓난아기인 현빈이와 쌍둥이까지 세 아이를 키우는 일이 큰 문제였다. 가슴이 아팠지만 엄마는 신생아였던 현빈이와 현호의 쌍둥이 동생 현준이를 외할머니에게 맡겨 키우기로 했다.

"현준이에게는 정말 미안해요. 너무 어릴 때 떼어놓아서 엄마인 저와 정도 많이 못 들었죠. 그래서 한동안은 서로 관계 맺기가 어려웠어요. 현준이가 현호랑도 많이 싸웠죠. 어릴 때 부모의 보살핌을 받지 못해서 그런지 사춘기를 힘들게 보낸 아이예요. 다른 아이들도 마찬가지이지만 현준이에게는 특히 미안한 마음이 커요."

두 아이를 친정에 맡길 정도로 힘들어진 살림. 아빠는 막노동이든 일용직이든 닥치는 대로 일했지만 빚은 늘어나고 형편은 좋아질 기미를 보이지 않았다. 이 때문에 부부는 현호를 데리고 병원에 가볼 생각도 못했다. 경제적 여유도 없었지만, 장애가 무엇인지 그 개념조차 잘 알지 못했기 때문에 치료를 적극적으로 받지 못했다. 그저 울면서 기도만 할 뿐이었다.

현호가 다섯 살이 됐을 무렵, 아이를 업고 집에서 가까운 병원을 다니며 물리치료를 해주던 향숙 씨는 더 전문적인 치료 방법에 대해 우연히 듣게 되었다. 신촌 세브란스 병원에서 뇌성마비 아이에게 전문적인 치료를 해준다는 소식이었다. 이런저런 이유로 포기하고 살았던 현호의 장애인데 희망이 있다니…… 이보다 더 좋은 소식은 없었다. 기왕에 할 거면 아이의 치료에 최선을 다하고 싶었다. 향숙 씨는 아들의 장애와 사회적 편견에 맞서 싸우는 장애아의 엄마로서 본격적으로 살겠다고 결심했다.

"전문적인 치료를 받기 시작하면서 여러 정보들을 접하게 됐어요. 전에는 저소득층 장애인들에게 주어지는 의료 혜택을 몰라서 치료에 엄두도 내지 못했거든요. 장애아에 대한 여러 가지 복지 정책들이 없었다면 아이를 이만큼 키우기 어려웠을 거예요."

세브란스 병원에 다니기 시작하면서부터 한 줄기 희망이 싹텄다. 전문적인 치료를 받다 보면 현호가 장애를 극복하고 비장애인과 다름없는 아이로 자라지 않을까 하는 욕심마저 생겼다. 향숙 씨는 비가 오나 눈이 오나 현호를 업고 병원에 다녔다. 경기도 의왕시에서 버스를 타고 구로디지털단지역까지 간 다음 지하철과 택시를 번갈아 타며 신촌까지 오갔다. 현호를 휠체어에 태우면 대중교통을 이용할 수 없기 때문에 막내 임신 9개월까지 현호를 업고 다녔다. 향숙 씨는 그렇게 무리를 하면 또 조산할 수 있다는 말을 듣고 나서야 겨우 현우의 치료를 중단했다. 아무리 강한 엄마라지만 만삭의 배를 안고 다섯 살짜리 아이를 업고 다녔으니 몸에 큰 무리가 될 게 뻔했다. 하지만 향숙 씨를 더 힘들게 한 것은 육체적 피로가 아니었다. 장애인을 바라보는 비장애인들의 차가운 시선. 이것이야말로 가장 견디기 힘든 고통이자 깊은 상처였다.

"지하철에서 내릴 때가 되어 현호를 업고 일어섰어요. 그런데 우리 자리에 앉으려던 사람이 의자를 손으로 싹싹 털더라고요. 우리 몸에 뭐 더러운 게 묻어 있던 것처럼……. 바로 제 눈앞에서 그러는데 정말 서글펐어요. 비장애인들의 시선과 선입견이 정말 우리를 힘들게 해요. 죄받을 이야기이지만, 그런 모든 것들이 너무 힘들어서 현호와 함께 지하철 선로로 뛰어들까 하는 생각도 여러 번 했어요. 이런 세상을 현호가 어떻게 살아갈까 절망스럽고…… 제가 언제까지 아이 곁을 지켜줄 수 있을지 알 수 없잖아요."

인터뷰 내내 씩씩했던 현호 엄마의 눈에 살짝 눈물이 맺힌다. 엄마도 아들의 장애를 온전히 받아들이기 어려웠던 시기. 세상 사람들의 편견은 경제적 어려움이나 육체적 고단함보다 몇 배는 더 커다란 무게로 그녀를 짓눌렀다.

현관이 소란스러운가 싶더니 캠프에 갔던 현호의 모습이 보인다. 3층까지 힘겹게 올라온 현호는 함박웃음으로 엄마에게 인사를 한다. 각자 방에서 숙제나 게임을 하던 동생들도 형의 무사 귀환을 축하하며 달려 나온다.

"너무 재미있었어. 나 내년에도 또 갈 거야. 이거 선생님하고 같이 만든 건데 잘 만들었지? 솟대라고 하는 거야."

"멋지다. 우리 현호 정말 잘했네."

"형아, 이거 정말 형아가 만들었어?"

"응. 선생님하고 내가 같이 만들었어. 멋지지?"

현호는 뇌성마비 장애가 있지만 비교적 발음이 정확한 편이다. 이 정도 의사소통이 되니 일반학교에서 공부하는 데 큰 지장이 없다. 현호는 노래도 잘해서 장애인 합창단 단원으로 활동한 경험도 있다. 엄마는 현호에게 재능이 있다면 음악을 계속할 수 있도록 키워주고 싶다.

"네 살 때 말문이 트이면서 노래를 하더라고요. 말할 때는 발음이 좀 부정확한데, 신기하게도 노래는 정확하게 불렀어요. 무엇보다도 현호가 노래를 하면서 행복해하니까 그게 가장 고맙죠. 지금은 변성기가 와서 쉬고 있지만, 얼마 전까지 장애어린이 합창단 에반젤리 단원이었어요. 우리 현호 노래 한번 들어보실래요?"

또박또박 힘차게 노래하는 현호.

현호의 노래를 들을 때마다 엄마는 살아갈 힘을 얻는다.

향숙 씨는 휴대폰에 저장한 동영상을 틀어서 현호가 노래하는 모습을 보여준다. 그녀 말대로 현호는 합창단 가운데 자리에서 가장 행복한 표정으로 노래하고 있었다. 자신의 이야기를 하자 짐짓 부끄러운 듯 웃는 현호. 어느새 다가와 엄마 등에 기대거나 무릎에 머리를 누이며 사랑을 표시한다. 그 몸짓에 엄마에 대한 무한한 신뢰와 애정이 담겨 있다. 짐짓 밀어내는 척했지만 엄마는 익숙하게 현호의 굽은 등을 쓸어내리고 굳은살이 잔뜩 박인 손마디를 어루만진다. 척추를 지탱할 힘이 없어 휘어진 허리, 자신의 몸을 끌고 다니느라 온통 굳은살인 손마디가 엄마는 늘 측은하기만 하다. 굽은 허리를 펴주지 못하는 대신, 현호의 무거운 몸을 옮겨주지 못하는 대신 엄마가 할 수 있는 일은 따뜻하게 쓸어주고 보듬어주고 어루만져주는 것뿐이다.

"우리 현호 머리 많이 자랐네. 캠프 가서 야한 생각 많이 했구나."

"안 했어."

"안 하긴 뭘. 그새 많이 자랐구먼. 야한 생각 몇 번 했니?"

"그래 형, 야한 생각 했지?"

"아이, 정말 안 했다니까."

동생들까지 엄마의 장난을 거들면서 조용했던 집에 왁자한 웃음이

번지고 활기가 느껴진다. 아들만 넷인 집안에서 보기 힘든 장면이지만 현호네 가족에게는 이 모든 일들이 일상이다. 밝고 긍정적인 엄마와 착한 네 아들이 이루어낸 하모니가 아닐 수 없다.

현호를 낳고 고등학생이 되도록 키우기까지 엄마는 자신의 모든 시간과 정성을 쏟았다. 그러는 동안 현호의 쌍둥이 동생 현준이(17)와 세 살 터울의 현빈이(14), 다섯 살 터울의 현서(12)는 어떻게 키웠는지도 모르게 자라버렸다. 하지만 흔들리지 않고 크는 나무가 어디 있을까. 현호에게 매달리다 보니 다른 아이들에게 미처 손이 갈 사이가 없었고, 그래서 동생들이 애정결핍 증상을 보이기도 했다.

"현호 일곱 살 때 장애 판정을 받고부터 현호 치료에만 매달렸어요. 열심히 하다 보면 어느 날엔가는 비장애아처럼 말도 잘하고 제대로 걸을 수 있지 않을까 하는 희망도 가졌고요. 하지만 그건 다 제 욕심이었어요. 장애는 완치되는 것이 아니고 평생 함께 가야 하는데, 나을 수 있다는 헛된 희망에 매달려서 많은 시간을 허비했죠. 그러는 동안 남편과 다른 세 아이들이 슬프고 아파한다는 생각을 하지 못했어요.

둘째 현준이는 외할머니가 일곱 살까지 키웠고, 셋째 현빈이나 막내 현서는 같이 살기는 했지만 한 번도 업어주질 못했어요. 엄마의 등도 엄마의 관심도 언제나 현호였죠. 현빈이를 놀이방에 맡겨두고 현호 병원에 다닐 때였는데, 하루는 현빈이가 울면서 그랬어요. 자기도 다른 엄마들 아이처럼 빨리 데리러 와달라고요. 친구들은 모두 엄마 손잡고 집에 갔는데 놀이방에 혼자 남았으니 얼마나 무섭고 외로웠을까요. 지금도 그 눈망울을 잊을 수가 없어요."

장애가 있는 아이 못지않게 다른 가족들에게도 전문적인 상담과 치료가 필요한 것도 이 때문이다. 엄마는 장애아를 키우느라 자신을 돌보지 못해 건강이 나빠지고, 아빠들은 그런 아내가 못마땅해 밖으로 도는 경우가 많다. 다른 자녀들 역시 엄마의 손길이 닿지 못하다 보니 애정결핍과 소외감으로 인한 스트레스가 적지 않아서 또 다른 문제를 일으키는 경우가 많다.

"한국장애인부모회 일을 하면서 많은 부모들을 만났어요. 다른 엄마들도 저와 비슷한 어려움을 겪었더라고요. 비장애 형제들의 애정결핍 문제도 심각하지만 남편과의 문제로 고민하는 엄마들도 많았어요. 제 남편은 오히려 저보다 먼저 현호의 장애를 받아들이고 저를 위로해준 사람이지만, 아빠들이 아이의 장애를 받아들이지 못하고 힘들어하다가 결국에는 이혼까지 하는 경우를 많이 봤어요. 뷔으로만 돌다가 바람피우는 남편들도 많이 있고요. 그래서 저는 장애아 엄마들한테 이렇게 말해요. 아이한테 하는 것의 십분의 일이라도 남편에게 하라고요. 상대가 먼저 위로해주기를 기다리면 서운함만 커지니까 남편에게 팔베개도 해달라고 하고, 서로 등도 두드려주면서 부부 사이가 소홀해지지 않도록 노력하라고 해요. 어려울수록 부부가 힘을 모아야 하니까요."

장애인 가족의 건강한 삶을 위해서 가족여행이나 가족치료 등이 권해지지만 이 역시도 경제적 여유가 허락되어야만 실현 가능한 제안일 수밖에 없다. 현호 엄마 역시 가족치료의 필요성을 잘 알고 있지만, 현호를 포함한 네 아이와 먹고사는 일만으로도 버거운 형편에서는 꿈도 꾸지 못할 일이다.

"몇 년 전에 어느 복지 관련 단체의 지원을 받아서 처음으로 가족여행을 다녀왔어요. 생각해보니까 현호 낳고 우리 여섯 식구가 다 같이 여행을 간 적이 한 번도 없더라고요. 여행을 계기로 가족끼리 더 사랑하게 됐어요. 우리 가족에게는 치유의 여행이었던 셈이죠. 정부에서도 실효성 떨어지는 전시용, 과시용 정책을 만들 게 아니라 실질적으로 도움이 되는 가족여행이나 가족치료 프로그램을 만

들어서 장애인 가족에게 혜택을 주면 좋겠어요. 장애인을 돌보는 가족이 건강하면 장애인 돌봄에 필요한 사회적 비용이 그만큼 줄어들 테니까요."

현호의 장애는 엄마 향숙 씨의 삶에도 일종의 장애가 된다. 아이에게만 맞춰진 그녀의 삶. 오죽하면 장애를 가진 자녀보다 하루만 더 살게 해달라는 것이 모든 장애아 부모의 동일한 바람이라고 할까. 그러나 향숙 씨는 이제 '현호의 엄마'로만 살지 않기로 했다. 남편도, 또 다른 세 아이들도 그녀에게는 없어서는 안 될 귀하고 사랑스러운 가족이라는 사실을 깊이 깨달았기 때문이다.

"현호 때문에 죽고 싶다는 생각도 했었어요. 슬프고 괴로운 시간이 많았죠. 하지만 지금은 현호 때문에 살아요. 현호 때문에 웃고, 현호 때문에 감동하고, 현호 때문에 우리 가족이 더 단단하게 뭉치고 사랑해요. 이런 날이 올 줄 모르고 모진 맘까지 먹었던 때를 생각하면 현호에게 미안할 뿐이에요.

한 가지 바람이 있다면 현호가 고등학교를 마치고 나서 비슷한 장애가 있는 친구들과 함께 사는 그룹홈에 들어갔으면 하는 거예요. 장애인 그룹홈은 부모로부터 독립해서 네댓 명의 다른 장애인들과 함께 생활하는 주거 형태예요. 장애인에게는 제2의 가정이 되는 셈이죠. 사회복지사 선생님이 부모 역할을 대신하며 장애인들의 사회 적응이나 생활 훈련을 도와주는데, 부모보다 훨씬 큰 도움이 되는 것 같아요. 무엇보다도 그룹홈에 들어가면 부모나 형제의 보살핌이 없어도 외롭지 않고 불편하지 않은 삶을 살 수 있을 것 같아서 꼭 그렇게 되길 바라고 있어요. 하지만 문제는 장애인들 수에 비해 그룹홈이 너무 적어서 대기인원이 무척 많다는 데 있죠. 몇 년씩 기다리는 경우가 대부분이거든요."

현호와 함께한 17년. 장애가 있는 아들을 키우다 보니 어느새 이 분야의 전문가가 되어버린 엄마. 향숙 씨는 아이를 키우면서 겪었던 답답한 일을 해결하기 위해 문을 두드렸던 한국장애인부모회 의왕시지부에서 5년째 회장을 맡아 일하고 있다. 그녀는 아들의 장애에 매달려서 애면글면하기보다는 당당하게 장애인의 엄마임을 선언하고, 내 아이뿐만 아니라 지역의 모든 장애아들을 위해 목소리를 내는 활동가로 발 벗고 나섰다.

"아무래도 정치인들은 표를 의식하는 것 같아요. 노인분들은 치매나 중증환자라도 투표권이 있으니까 눈치를 보면서 정책도 만들고 혜택도 주지만, 장애인들 특히 자폐 장애나 지적 장애의 경우 투표권을 갖지 못하는 사람들이 많아서인지 소홀하게 생각하는 것 같아서 서운하고 화가 나요. 국가에서 이렇게 홀대를 하니까 장애인에 대한 사회적 의식도 바뀌지 않죠. 불쌍하니까 한번 도와준다는 식의 동정은 오히려 장애인과 그 가족들에게 상처만 주고 좌절을 안겨줄 뿐이에요."

교육청, 구청, 시청, 학교, 정치인들을 찾아다니며 장애인의 권익을 주장하는 일이 일상이 된 현호 엄마. 그녀의 날 선 비판에서 장애아를 키우며 받았을 깊고 큰 상처가 느껴진다. 경제협력개발기구(OECD) 회원국임을 자랑스럽게 내세우는 대한민국이라지만 투사가 되지 않고는 장애아를 키우기 어려운 것이 현실이다.

"가정에서 내 아이만 키울 때는 몰랐는데 장애인부모회 일을 하다 보니 이런저런 문제가 눈에 들어와요. 그중 하나가 치료 바우처(voucher: 노인, 장애인, 산모, 아동 등 사회보장서비스가 필요한 국민에게 현금이 아니라 일종의 이용권을 지원하는 제도) 문제예요. 정부에서 지

현호를 키우며 고통스럽기도 했지만

지금은 현호 덕분에 가족 모두가 행복하다.

원하는 치료 바우처의 경우 가계의 소득이 높으면 지원이 되지 않아요.

그러다 보니 엄마들끼리도 서로 눈치를 보게 돼요. 어떤 집은 잘사는 것 같은데도 바우처가 나오고 어떤 집은 어려운 환경인데도 바우처를 못 받고……. 이런 것 때문에 위장이혼까지 하는 가정이 적지 않아요. 그러고 나서 잘 살기라도 하면 좋은데, 이상하게도 아이 치료 바우처 때문에 서류상 이혼을 한 다음 실제 이혼으로 이어지는 경우가 많더라고요. 곁에서 보기 안타까운 경우예요."

빈곤층을 위한 정책이 오히려 서민층을 빈곤층으로 내모는 결과를 낳는 경우가 종종 있다. 저소득층이나 차상위계층이 자신의 노력으로 수입을 만들고 싶어도 정부 지원이 끊길까 봐 두려워서 일을 하지 않는 경우가 그렇다. 적은 소득이나마 있는 서민층은 복지 혜택을 받지 못하고 재정적 어려움에 시달리다가 결국 빈곤층으로 추락한다. 빈곤층이 늘어날 경우 사회적 비용은 그만큼 높아지기 마련이고, 국가 경쟁력도 떨어질 수밖에 없다. 복지 정책이 빈곤층에 머물러서는 안 되는 이유다.

현호네 가족도 비슷한 어려움을 겪고 있다. 한창 커나갈 나이의 아들 넷이 있는 여섯 식구. 아빠가 벌어오는 수입으로는 네 아이의 학비와

식비를 대기에도 턱없이 부족하다. 엄마가 일을 해서 아이들 간식비나 생활비를 보태고 싶어도 마음뿐이다. 엄마에게 수입이 생겨 가계 소득이 높아지면 현호와 현호네 가정에 주어지는 혜택이 줄어들기 때문이다. 그렇기 때문에 생활이 어려워도 나아지기 위한 노력을 할 수 없다. 장애아를 키우는 엄마가 경제적 어려움까지 떠안게 될 경우 그 고통은 말로 표현할 수 없다.

장애인 자녀를 극진히 돌보다가 자녀보다 세상을 먼저 떠나는 엄마들이 있다. 엄마 잃은 아이는 자신을 보호해줄 사람을 찾지 못해 시설에 맡겨지는 경우가 대부분이다. 평소 엄마 자신의 건강도 챙겼더라면 몸이 불편한 아이를 세상에 두고 떠나는 일은 없었을 텐데, 이런 경우를 볼 때마다 안타까움이 크다. 장애인이 있는 가정의 엄마는 엄마 이상의 엄마다. 그렇기 때문에 더욱더 엄마의 건강이 중요하다.

밝고 씩씩한 향숙 씨 덕분에 활기차고 사랑이 넘치는 현호네 가족. 현호를 위해, 현호 아빠를 위해 그리고 현호의 세 동생을 위해 자신의 삶을 온전히 내어준 엄마 향숙 씨. 현호를 업고 다니느라 관절이 상하고 극심한 어깨 통증에 시달리지만 불편한 곳은 없느냐는 질문에 '괜찮다' 는 대답뿐이다.

장애인 부모의 건강을 지켜주는 프로그램이 장애인 가족 지원 정책에 포함되었으면 하는 바람이 든다. 장애인들의 엄마가 스스로 챙기지 못하는 건강을 국가가 대신 챙겨주었으면 한다. 장애아의 엄마도 행복하고 건강하게 살 권리를 가진 우리의 이웃이기 때문이다.

# 너의 손잡고

# 두려움 없이

* 자폐성 장애 영규와
엄마 도경미

얼룩말과 초코파이, 달리기를 좋아하는 자폐아 초원이와 엄마의 이야기를 담은 영화 〈말아톤〉, 더스틴 호프먼이 숫자 암기에 뛰어난 능력을 보이는 자폐성 장애인을 연기하고 톰 크루즈가 그 동생으로 나와 열연한 영화 〈레인맨〉, 그리고 〈템플 그랜딘〉, 〈카드로 만든 집〉, 〈맨발의 기봉이〉……. 우리는 영화나 드라마에서 종종 자폐성 장애인을 만나게 된다. 그들은 비범하거나 남다른 능력을 지닌 사람으로 표현되기도 하고, 몸은 성인이지만 생각과 행동은 다섯 살에 머물러 있는 덩치 큰 착한 아이, 혹은 잘 가르치고 치료하면 인지와 소통도 가능한 장애인으로 그려진다.

자폐성 장애는 생후 36개월 이전에 발생하며, 사회적 상황을 인식하고 타인과의 관계를 형성하는 데 결함을 보이는 특성이 있다. 또 말을 잘 하지 않는다거나 말 이외에 몸짓, 표정을 이용한 의사소통 역시 잘 보이지 않는 경향이 있다. 또한 다른 장애와는 달리 개인별로 자폐 성향의 특성이나 발달 정도가 달라서 '자폐 스펙트럼 장애'라고 부르기도 한다.

현실에서의 자폐아들은 영화에서 그려지는 모습처럼 낭만적이지 않다. 특별한 재능이나 뛰어난 수행 능력을 지닌 아이들은 극히 소수에 지나지 않는다. 영화를 보고 모든 자폐 장애아들에게 그들과 비슷한 능력이 있을 것이라고 오해하는 사람들이 많아서 오히려 답답함을 느끼거나 상처가 된다고 말하는 부모들도 많다.

"영규야, 이렇게 잘라봐. 잘라서 실에 끼우면 팔찌가 되는 거야."

서울시 강남구 개포동의 하상장애인복지관에서 만난 영규(21)는 어눌한 가위질로 조심스럽게 빨대를 잘라 그릇에 담고 그것을 하나하나 털실에 끼워 팔찌를 만들고 있었다. 손등과 손가락에 박여 있는 굳은 살. 자신의 감정이나 행동을 억제하기 힘든 순간 손등을 물어서 생긴 자해 흔적이다. 영규처럼 타인과의 소통에 심각한 어려움을 겪는 자폐증의 경우 선생님의 지도에 따라 과제를 수행하는 일도 쉽지 않다. 얌전히 앉아서 가위질을 하고 재료를 실에 끼우는 일 자체가 커다란 스트레스가 될 수 있기 때문이다. 하지만 영규는 비교적 과잉행동이 적은 편인 듯 제법 얌전히 앉아 팔찌 네 개를 만들고 팔에 끼운다.

"영규 잘했어. 하이파이브!"

영규는 선생님에게 눈길을 주지는 않지만 슬그머니 손바닥을 내밀고 선생님 손에 하이파이브를 한다. 이 정도로 소통이 되기까지 얼마나 많은 노력이 있었을까. 영규를 바라보는 엄마의 입가에 흐뭇한 미소가 지어진다.

오후 5시가 되자 주간보호센터 프로그램을 마친 영규가 엄마 도경미(51) 씨와 함께 밖으로 나왔다. 엄마 손을 잡고 있지만 몹시 불안해 보이는 영규. 프로그램이 끝나면 선생님과 함께 센터 버스를 타고 집으로 가야 하는데 이날은 집에 안 가고 엄마와 함께 남아 있으려니 불안해진 것이다.

"영규야, 오늘은 엄마 차 타고 집에 가는 거야. 그런데 저기 공원 있지? 전에 엄마랑 함께 간 적 있었는데…… 오늘은 저기서 엄마랑 사진 찍고 가자. 선생님들이 우리 영규 사진 예쁘게 찍어주신대. 괜찮지?"

손을 잡고 눈을 맞추며 침착하게 설명을 하는 엄마의 목소리가 들리지 않는 듯 전혀 반응을 보이지 않는 영규. 어쩔 줄 몰라 하는 몸짓과 잠시도 멈추지 않는 시선이 극도의 불안을 말해주고 있다. 하지만 이런 영규의 행동을 너무나 잘 이해하는 경미 씨는 아이의 불안을 조금이라도 줄여주기 위해 끊임없이 말을 건넨다.

"영규야, 우리 저기 공원에 한번 가보자. 공원 기억하지? 그때 영규 참 좋아했었는데. 어때? 선생님들하고 한 번 더 가볼까?"

갑자기 나타난 낯선 얼굴들에 더욱 불안을 느낀 영규는 시선을 땅으로 떨어뜨린 채 엄마 손을 이끌어 차에 타기를 요구한다. 하지만 엄마는 이런 상황에 익숙한 듯 침착하고 안정된 목소리로 계속해서 영규를 설득한다.

선생님의 도움을 받아 팔찌를 만드는 영규.

이렇게 세상과 타인과 소통하기까지

지독한 인내의 시간이 필요했다.

"영규야, 맞아. 오늘은 엄마 차 타고 집에 갈 거야. 그런데 가기 전에 저기 공원에 잠깐만 가보는 거야. 저기 가서 엄마랑 사진 찍고 잠깐 놀다 가자."

이번에도 영규가 엄마 말에 아랑곳없이 집에 가자고 차에 매달렸다면 더 이상의 취재는 어려웠을 것이다. 자폐아는 스트레스가 어느 선에서 멈춰지지 않으면 분노, 자해, 가해 등 문제행동을 일으킬 수 있기 때문이다. 그러나 영규는 엄마의 손을 잡고 발걸음을 떼기 시작했다. 무표정한 얼굴과 끌려가는 듯한 무거운 걸음걸이. 싫은 기색이 역력했지만 고집을 부리지 않았다. 이 정도로 엄마 말을 이해하고 따르도록 하는 데 20년이라는 시간이 필요했다.

몸집은 스물한 살 청년이지만 정신은 서너 살 언저리에 머물러 있는 아이. 자기 안에 갇혀 그 무엇과도 소통하지 못하는 외로운 아이. 영규는 세 살 무렵 자폐성 장애 1급 진단을 받은 중증 자폐 장애인이다.

"우리 영규를 어떻게 표현해야 할까요. 1초도 쉬지 않고 의미 없는 소리나 행동을 반복하고, 길을 갈 때도 앞으로만 가야 하고 절대 유턴을 하면 안 되고, 일의 순서가 조금만 달라져도 폭발하듯 화를 내고, 마음에 들지 않거나 불편하면 몸을 물어뜯고 머리를 찧으면서 피가 나도록 자해하고, 엄마를 물고 때리기도 하고……. 자기 손을 물어서 영규 손이 엉망이 되기도 했지만 한때는 저도 영규에게 물려서 온몸이 멍투성이였어요."

초등학교에 입학할 나이부터 장애인 특수학교에 다닌 영규. 고등학교 과정과 직업훈련·사회적응훈련을 하는 전공과까지 총 14년의 특수교육 과정을 무사히 마치고 졸업을 했지만, 돌아보면 그 시간도 어찌 지냈는지 모를 정도로 파란만장한 날들이었다.

"학교가 집에서 가까웠지만 때로는 천리만리처럼 느껴졌어요. 화를 내며 땅을 구르다가 학교까지 굴러간 일도 있었고, 한겨울 영하 20도 추위에 인라인 스케이트를 타고 학교에 가겠다며 고집을 부려서 거울같이 얼어붙은 도로를 넘어지고 미끄러지며 간 적도 있고……. 영규와 하루하루를 보내는 일들이 너무 힘들었기 때문에 내일을 생각하지 않고 그저 오늘 하루만 있다고, 그러니 최선을 다하자고 스스로 최면을 걸며 살았죠."

바로 눈앞에 있지만 너무나 멀리 있는 아이. 불러도 대답하지 않고 울지도 웃지도 말하지도 않는 아이. 내 속으로 품고 낳은 자식이지만 그 어떤 방법으로도 아이와 소통할 수 없다는 사실은 엄마를 절망하게 했다. 하루하루 최선을 다했지만 아이는 요지부동 늘 그 자리에 머물러 있다는 점이 더욱 기운을 빠지게 했다. 다른 가족도, 집안 살림도 다 팽개치고 그저 영규와의 단 하루에 목숨 거는 순간들. 지금까지 경미 씨는 이렇게 살아왔다.

"영규가 초등학교 저학년 때 일이에요. 영규를 차에 태우고 올림픽 대교를 건너고 있는데 뒤에서 난리가 났어요. 뭔가를 달라는 것 같은데 말을 못하니 답답하기만 했죠. 그런데 차 바닥을 열심히 뒤지더니 뭔가를 제 눈앞에 바짝 들이대는 거예요. 많은 차들이 달리는 도로에서 갑자기 눈을 가리니 얼마나 위험했겠어요. 나중에 보니 컵라면에 붙어 있는 포장지 반쪽이더라고요. 컵라면이 먹고 싶었던 거죠. 그 상황에서 얼마나 화가 나던지 다리를 건너자마자 갓길에 차를 세우고 마구 때려줬어요."

영규를 태우고 하루에도 네 번 이상 한강을 오가야 했던 힘든 시기. 핸들을 조금만 꺾어도 아이와 함께 하늘나라로 갈 수 있다는 유혹이 늘 마음 한구석에 있었지만 정작 위험을 경험하고 나니 죽음에 대한 부질없는 환상이 사라졌다. 영규가 엄마에게 살아갈 이유를 준 것이다.

"영규를 데리고 여행을 하던 중이었는데 뒷자리에서 영규가 '싯-싯-' 하는 소리를 내는 거예요. 조금 열려 있던 창문으로 들어오는 바람 소리를 흉내 내고 있었던 거죠. 얼마나 놀랍고 반가운지…… 그 자리에서 당장 시옷이 들어가는 말을 가르치기 시작했어요. '감사합니다' '고맙습니다' '사랑합니다'. 시옷이 들어 있는 노래도 다 불러줬어요. 시옷을 할 수 있으니 니은도 할 수 있고…… 그러다 보면 말도 할 수 있겠다고 생각했어요."

태어난 지 16년 만에 기적적으로 입을 연 영규. 하지만 대부분의 자폐아들이 그렇듯 언어를 의사소통의 도구로 사용하는 것은 아니다. 다만 꾸준한 반복 학습을 통해 자신의 요구를 전달하는 도구로서 몇 가지 단어를 사용하는 정도일 뿐이다. 하지만 소리를 전혀 내지 않아 청각 장애를 의심했던 아이의 입에서 처음으로 음성이 나오던 순간을 경미 씨는 잊지 못한다.

엄마가 말을 건네도 눈길을 돌리는 영규.

그래도 엄마는 안다.

영규가 사랑받고 싶어 한다는 것을.

"그땐 정말 행복했죠. 세상을 다 가진 것 같았어요. 제가 늘 그랬거든요. 영규가 말만 하면 뭐든지 다 해줄 거라고요. 하늘의 별도 따준다고요."

삶의 초점이 오직 영규에게만 맞추어진 엄마에게 영규의 작은 변화와 반응은 삶을 지탱하게 해주는 힘이다. 하지만 엄마가 영규에게 자신의 온 삶을 쏟는 동안 다른 가족들은 많은 것을 희생하거나 포기할 수밖에 없었다.

"어느 날 문득 남편의 양복이 다 헤져 있는 게 눈에 띄었어요. 저에게 챙겨달라고 할 형편이 못되니까 눈에 보이는 옷 하나만 계속 입고 다녔던 모양이에요. 원래 아내 손을 많이 필요로 하는 사람이었는데 아들 때문에 그 모든 것을 포기하고 살았던 거죠. 순간 남편이 너무 불쌍한 거예요. 우리에게 울타리가 되어주고 힘이 되어주는 감사한 사람인데 제가 아무것도 해준 게 없었어요."

어디 남편뿐이랴. 엄마는 네 살 터울의 영규 누나도 너무나 안쓰럽고 미안하다. 한창 엄마 품에서 사랑받고 귀염 받을 나이에 동생에게 모든 사랑과 관심을 빼앗겨버린 누나. 어느새 어른이 되어 누구보다도 든든한 영규의 지원군이지만 어린 마음에 남겨졌을 상처를 알기에 엄마는 딸에게도 늘 미안한 마음이다.

세상 모든 것에 미안한 엄마. 영규의 장애가 자신의 책임인 것처럼 느껴져 영규에게 미안하고, 영규를 돌보느라 관심을 갖지 못한 남편에게 미안하고, 아픈 동생 때문에 어리광 한번 제대로 부려보지 못하고 자란 딸에게 미안하고, 영규로 인해 불편과 불안을 느꼈을 이웃들에게 미안하고, 불편한 아이를 사랑으로 돌봐주는 선생님들에게도 늘 미안한 마음뿐이다.

하지만 정작 영규 엄마 자신에게 미안한 마음을 가져본 적이 있느냐는 질문에는 웃으며 고개를 젓는다. 영규 때문에 겪는 가족과 이웃의 불편과 어려움을 이해하지만, 엄마인 자신은 아픈 자식을 위해 당연한 일을 하는 것이기에 늘 씩씩하고 당당하게 감당한다는 것이다. 하지만 엄마라고 어찌 늘 씩씩하고 당당하기만 할까. 눈물이 차올라 금방이라도 터져버릴 것 같지만 어금니를 깨물며 참아왔던 설움들이 왜 없을까.

"영규가 초등학교에 입학하기 전에 공동육아를 위해 4년 동안 포천을 오간 적이 있었어요. 영규 치료에만 온 신경을 쏟을 때였죠. 어느 날 광릉 숲을 지나오는데 노란 은행잎이 가슴에 팍하고 박히는 거예요. 순간 번개를 맞은 것 같은 충격이었어요. 아! 은행잎이 저렇게 노란색이었구나, 하고 느끼는 순간 막 눈물이 쏟아지더라고요. 4년을 매일 다니던 길이었는데, 해마다 가을이면 물들었을 은행잎을 처음으로 본 거예요. 그동안 뭘 하고 지냈나…… 가슴에 큰 구멍이 생긴 것 같고, 그 구멍으로 바람이 지나가는 것 같더라고요. 운전을 하면서 얼마나 울었는지 몰라요."

경미 씨는 다행히도 깊은 우울에 빠지기 직전 자신을 발견했다. 장애아들의 엄마는 대부분 심각한 우울증 증세를 보인다. 아무리 노력해도 좋아지지 않는 아이, 아이로 인해 생기는 또 다른 가족과의 갈등, 아이를 바라보는 불편한 시선들, 아이의 평생을 책임져야 한다는 부담감, 끝없이 들어가는 치료비 등 경제적 압박, 아이로 인해 가중되는 육체적 피로와 고통, 자괴감, 패배감, 절망감……. 이런 우울증을 치료하지 않고 방치해두면 아이와 함께 세상을 버리는 극단적 선택에 이르는 경우도 종종 발생한다.

"조금씩 제 시간을 가지려고 노력했어요. 다른 가족도 있는데, 다 같이 삶을 포기할 수는 없잖아요. 자폐아를 키우는 엄마들과 잠깐씩 만나 차를 마시면서 속말을 털어놓기도 하고, 취미 활동도 같이 하면서 서로의 아픔을 나누고 위로하고 격려하고 있어요. 요즘에는 아이를 기다리는 토막 시간을 이용해서 헝겊인형을 만들고 있죠. 여럿이 모여 바느질을 하다 보면 잡념도 없어지고, 때로는 인형을 팔아서 아이들을 위한 일에 사용하기도 하니까 보람도 있어요."

장애아를 키우는 엄마의 걱정은 언제 끝날까? 아마도 삶을 마무리하며 눈을 감을 때가 그 걱정을 놓는 순간 아닐까. 어리면 어린 대로, 크면 큰 대로 아이에 대한 걱정은 끝이 없다. 영규 나이 스물하나. 힘들게 교육을 마치고 학교라는 울타리 밖으로 나왔지만 고난은 이제부터라고 해도 과언이 아니다. 성인 장애인을 위한 치료나 보호 서비스를 받을 수 있는 기관들이 많지 않기 때문이다. 이런저런 곳을 기웃거리다가 마땅한 곳을 찾지 못해서 결국에는 집 안에 방치되거나 홀로 남겨지는 경우가 적지 않다.

"학교를 졸업하고 전공과까지 마쳤지만 영규는 갈 데가 없어요. 중증 장애인들은 그룹홈에서 잘 받아주지도 않고, 받아준다고 해도 적응이 어려울 테니까요. 사회성이 전혀 없기 때문에 같이 사는 친구들이나 선생님들에게 피해를 줄 수 있죠. 그래서 영규 같은 아이를 키우는 부모들 몇몇이 돈을 모아서 자녀들이 함께 살 수 있는 생활시설을 만들어보자는 고민을 하고 있어요. 지금이야 어떻게든 영규를 돌보겠지만 제가 언제까지 영규 곁에 있을지는 모르니까요."

경미 씨는 영규 누나에게 그 책임을 넘기고 싶지는 않다. 그렇지 않아도 동생 때문에 많은 것을 포기해야 했던 딸에게 동생의 삶까지 책임지라고 하는 일은 너무나 가혹하기 때문이다.

"딸에게는 너무 미안하죠. 불만도 많았을 거예요. 영규는 장애가 있다 보니 하다못해 숟가락질을 해도 박수를 쳐주며 칭찬했지만, 누나는 항상 당연히 해야 할 일이었죠. 오히려 영규와 비교해서 더 잘하지 못하는 부분에 대해서는 야단을 맞기도 했어요. 엄마한테 어리광을 부리고 싶어도 영규 때문에 힘들어하는 엄마를 보면 차마 입이 떨어지지 않았을 테고, 그저 참을 수밖에 없었을 거예요. 처음부터 영규의 장애를 드러내고 키웠기 때문에 장애아의 누나라는 사실이 어린 마음에 상처도 됐을 거고요. 더구나 저는 늘 '네가 누나니까 참고 양보하고 이해해야 한다'고 가르쳤거든요."

하지만 잘 참던 딸이 어느 날부터 가슴에 담아둔 속내를 조금씩 드러내기 시작했다. 어린 마음에 생긴 상처를 견디다 못해 폭발해버린 것이다. 형제라고 해서 어찌 무조건적인 이해를 바랄 수 있을까. 그 아이에게도 엄마의 사랑과 관심이 필요한데, 장애가 있는 형제 때문에 그 소중함을 포기해야 한다면 얼마나 잔인한 일이겠는가.

사춘기였던 딸은 엄마에게 불만과 서러움을 표현하기 시작했고 경미 씨는 그런 딸에게 이해를 구했다. 엄마는 미숙하기 짝이 없으니 딸인 네가 엄마의 부족한 부분을 자꾸 알려주고 마음을 표현해줘야 더 잘 이해할 수 있으니 서로 노력하자고 말을 건넸다. 그렇게 서로의 마음을 이해하기까지 2년이라는 시간이 걸렸다. 모녀는 지금도 노력하고 있고 다행히 둘의 관계는 많이 좋아졌다.

영규의 아빠 역시 아들의 장애를 받아들이기 어려워하며 한동안 힘겨운 시간을 보냈다. 어느 날 갑자기 자신에게 찾아온 뜻밖의 일을 어떻게 이해해야 할지 몰랐다. 하지만 아빠는 가족이라는 끈을 놓지 않았다. 그 노력 가운데 하나로, 영규와 비슷한 장애아를 돌보는 자원봉사를 시작했다. 장애아들과 시간을 함께 보내면서 객관적인 시선으로 장애를 이해하는 마음을 갖게 되었다. 이렇게 영규의 가족들은 부단한 노력 끝에 서로를 조금씩 이해하고 양보하며 더욱 끈끈한 가족애를 만들어가고 있다.

영규의 장애 때문에 생긴 가족 간의 갈등과 어려움은 어느 정도 사라졌지만 경미 씨는 또 다른 문제로 마음 한구석이 늘 묵직하다. 오늘 하루만 버티자고 생각하며 매일매일 죽을 각오로 열심히 살지만 영규의 몇 년 뒤, 몇 십 년 뒤를 생각하면 너무나 암담해서 숨이 막히고 가슴이 조여온다. 여전히 우리 사회는 영규 같은 장애인이 살기에 녹록지 않은 곳이기 때문이다.

"좋아지고 있지만 언제 다시 원점으로 돌아갈지 모르는 게 자폐성 장애예요. 잘 지내다가도 언제 부적응 행동이 나올지 모르죠. 지난해에도 그런 일이 있었어요. 아이가 갑자기 화를 내고 떼를 쓰면서 제가 말릴 새도 없이 지나가는 사람을 꼬집었어요. 저도 너무나 당황해서 사과를 하고 아이에 대해 설명했지만 몇몇 분들은 민망할 정도로 심한 비난과 손가락질을 하더라고요. 그때의 참담함은 말로 표현하기 어렵습니다. 제가 할 수 있는 일은 영규 손을 잡고 '영규야 힘내자, 힘내서 최선을 다해 열심히 살자' 라고 외치는 것뿐이었어요."

장애아를 키우는 부모들이라면 누구나 하는 고민이다. 언제까지 이 무서운 세상에서 영규를 보호할 수 있을까. 지금이야 엄마, 아빠가 영규를 지켜줄 수 있지만, 나이를 먹고 언젠가 세상을 떠나고 나면 영규

영규가 혼자 일어설 수 있을 때까지

엄마는 이 손을 놓지 않을 것이다.

혼자 남아 스스로를 책임져야 할 텐데…… 언제일지 알 수 없지만 그 날을 생각하면 가슴이 답답하지 않을 수 없다.

"노인이나 비장애인들을 위한 평생교육센터나 문화센터는 많이 있지만 장애인들을 위한 시설이나 프로그램은 대기인원만 몇 십 명일 정도로 그 수가 적어요. 장애인주간보호센터도 들어가려면 몇 달씩 기다려야 하고요. 우리 영규처럼 어느 정도 나이가 찬 장애인들이 부모와 떨어져 독립적인 생활을 할 수 있도록 더 다양한 형태의 그룹홈이나 생활시설이 많이 생겨나면 좋겠어요. 하지만 현실은 아직 그렇지 않으니 저희 부모들은 평생 아이의 삶을 책임져야 한다는 막중한 부담감에서 벗어날 수 없죠."

영규를 책임져줄 시설과 프로그램의 부족도 문제지만 여전히 바뀌지 않는 장애인에 대한 차가운 시선도 장애아의 부모를 절망하게 하는 요인이다. 장애인에 대한 몰이해와 오해 그리고 차별이 아무렇지도 않게 일어나는 세상에 영규를 홀로 남겨 둘 용기가 더더욱 나지 않는다.

"때때로 느껴지는 사람들의 차가운 시선이 두려워요. 배려가 아니라 그저 있는 그대로, 비장애인인 당신들과 다르지 않은 한 인격체로 봐주기를 그저 아픈 맘으로, 저린 맘으로 바랄 뿐이죠."

엄마는 지금까지 그래왔듯 싫든 좋든 숨을 거두는 그날까지 영규에 대한 책임을 내려놓을 수 없을 것이다. 장애아를 둔 부모가 평생을 쓰고 가야 할 어쩔 수 없는 굴레다. 다만 남편과 한 가지는 약속했다.

"평생 영규를 위해 살았으니 두 사람 중 한 사람이라도 큰 병에 걸리면 그 사람을 위해 최선을 다하기로 했어요. 남은 평생을 바치기로요. 그때 영규가 곁에 있으면 돌보느라 아무것도 할 수 없으니 그런 일이 생기면 영규와 헤어지자고 했죠. 서로에게 그 정도는 해줘야 한다고 생각해요."

언젠가는 영규를 떼어놓겠다는 말처럼 들리지만 사실은 엄마와 아빠 중 어느 한 사람이 중병에 걸려 쓰러지지 않는 한 평생 영규를 돌보는 일을 멈추지 않겠다는 다짐과 다르지 않다.

사진 촬영을 하는 짧은 시간조차 허락하지 않는 영규. 단 한 번도 카

메라를 봐주지 않고 오히려 눈길을 피하기만 하더니 더 이상 참을 수 없었는지 말없이 엄마의 손을 잡아당긴다. 이제 그만 집으로 가자는 뜻이다.

"영규 잘 참았네. 엄마 부탁 들어줘서 고마워. 우리 영규 참 착하다. 그래 이제 집에 가자. 힘들었지? 엄마가 영규를 많이 힘들게 해서 미안해."

경미 씨가 말하는 순간에도 엄마의 눈을 바라봐주지 않는 영규. 쉴 새 없이 고개를 돌리고 눈을 돌리며 딴청을 하는 것 같지만 엄마는 안다. 영규가 엄마에게 칭찬받고 싶어 하고 엄마의 칭찬에 기뻐하고 있다는 것을.

엄마보다 머리 하나는 더 커버린 영규가 엄마의 손을 잡고 성큼성큼 걸어간다. 영규를 모든 위험과 어려움으로부터 구해주는 작고 예쁜 엄마 손. 지금도 그렇지만 엄마는 더 작고, 더 약해지고, 더 늙고 보잘것없어지는 날까지, 어쩌면 숨을 거두는 그날까지 영규가 잡은 손을 놓지 않을 것이다.

# 하늘이 선물한

# 아주 특별한 재능

* 서번트 증후군 세준이와
엄마 윤혜선

빨간 자동차를 탄 사자와 호랑이. 웃음기 가득한 큰 눈의 사자와 개구쟁이 같은 표정의 호랑이 그림이 절로 미소를 짓게 한다. 바라만 보고 있어도 행복해지는 이 그림은 장애인 특수학교에 다니고 있는 자폐성 장애아 세준이(14)의 작품이다.

"세준이가 열 살 무렵, 저도 아이도 아주 힘들었던 시기가 있었어요. 그때 울면서 기도했죠. 세준이를 위해서라면 제 심장이라도 드릴 수 있다고요. 그 후로 그런 기도는 다시 하지 않아요. 기도를 들어주셨거든요. 이제 세준이는 더 이상 모자란 아이, 부족한 아이, 바보 같은 아이가 아니에요. 그림 잘 그리는 아이, 착한 아이, 행복한 아이가 됐어요."

자폐성 장애를 앓고 있지만 세준이에게는 특별한 점이 있다. 바로 서번트 증후군이다. 자폐성 장애 등 뇌기능 장애가 있는 사람 중 아주 소수에게 나타난다는 서번트 증후군은 음악, 미술, 계산, 암기 등 특정 분야에 천재적인 재능을 나타내는 증상이다. 서번트 증후군의 원인은 여전히 풀리지 않은 미스터리의 영역이지만, 전문가들은 뇌의 보상작용으로 설명한다. 손상되지 않은 뇌의 일부분이 손상된 뇌의 기능까지 맡게 됨으로써 발휘되는 천재적 능력이라는 것이다.

세준이 엄마 윤혜선(47) 씨는 세준이의 이 남다른 능력을 '하나님의 선물'로 여긴다. 남보다 약한 아이, 부족한 아이, 손가락질 받는 아이였던 세준이가 하나님으로부터 귀한 재능을 선물로 받았다는 것이다.

"천재적 재능, 특별한 능력이라서 좋아하는 게 아니에요. 아무것도 못할 줄 알았던 세준이가 잘할 수 있는 일이 있고, 또 그런 작업을 통해 행복을 찾았다는 사실이 더 중요하죠."

세준이가 두세 살 무렵이 되었을 때부터 엄마는 아이가 다른 아이들과 다르다는 것을 느끼기 시작했다. 병원에서는 이유를 알 수 없는 선천적 장애라고 했지만, 엄마는 세준이의 장애가 자신의 잘못 때문인 것 같아서 늘 미안했다.

"병원에서는 아니라고 하지만, 저는 세준이를 출산하는 과정에서 의료 사고가 있었다고 확신해요. 진통도 없고 양수도 안 터지고 아무런 증상이 없었는데도 의사가 촉진제를 써서 유도분만을 하자고 했어요. 별일이 있겠나 싶어서 의사의 제안에 응했죠. 그런데 촉진제를 맞아도 진통은 오지 않고 결국 양수가 다 빠지도록 아이는 나올 생각을 하지 않았어요. 결국 촉진제 과다로 전신마비까지 왔고요. 아기도 저도 위험한 상황이었죠."

엄마의 눈에 눈물이 맺힌다. 14년이 흘렀지만 그날의 충격과 슬픔이 어제처럼 생생하다. 사산에 가까운 위험한 상황에서 아기는 기적처럼 살아났다. 그러나 힘겨운 출산의 후유증 때문인지 건강이 좋지 않았다.

"출산할 때 이미 청색증이 있었어요. 뱃속에서 무호흡 상태가 있었던 거죠. 뇌 손상이 우려됐지만 병원에서 아무 말 없길래 괜찮은 줄 알록달록 화려한 색감, 재미있는 표정의 동물들.

세준이의 그림에서 행복한 표정들이 느껴진다.

알았어요. 집중치료실에 한 달 있다가 퇴원했는데 출산 때보다 오히려 몸무게가 줄었더라고요. 작고 새까만 아이가 너무 말라서 살갗에 주름마저 조글조글한데 얼마나 안쓰럽고 애처로운지……. 그런 아이를 보니까 오히려 오기가 생기더라고요. 아기를 안고 결심했죠. 이 아이를 가장 튼튼하고, 가장 멋있고, 가장 건강한 자식으로 보란 듯 키우고 말 거라고요."

엄마의 결심은 세준이가 열네 살이 된 지금도 변함이 없다. 하루 24시간을 온전히 세준이를 위해 내어주고도 뭔가 더 해줄 일이 없을까 늘 고민하는 엄마. 왜 그렇게까지 온 인생을 세준이에게 '올인' 하느냐고 물으니 모든 것이 자신의 잘못 때문에 시작된 일이라고 생각하기 때문에 최선을 다하지 않을 수 없단다.

"세준이의 이상을 알고 난 후 의료기록을 찾아보려고 했는데 기록이 없는 거예요. 치료를 받았는데 치료받은 기록이 없다니, 너무나 화가 나고 억울했죠. 아이의 장애에 대해 원인을 몰랐다면 세준이에게 이렇게까지 인생을 걸지는 않았을 것 같아요. 하지만 다른 사람들은 아니라고 해도 저는 알아요. 세준이의 장애는 저 때문이거든요. 엄마의 잘못된 선택 때문에 우리 아들이 장애인이 되었는데……

그래서 아들을 볼 때마다 너무 미안하고 또 미안한데…… 어떻게 제가 세준이 외에 다른 것을 생각할 수 있겠어요."

아들의 장애를 자신의 잘못 때문이라고 단정하는 엄마. 의사의 제안을 거절했더라면 정상적인 출산 과정을 거쳤을 테고, 세준이 역시 다른 아이들처럼 건강하게 태어나 자라고 있을 것이라는 후회가 대못처럼 엄마 가슴에 깊이 박혀 있는 듯했다.

"그 후 모든 선택의 기준은 세준이가 되었어요. 내가 편한 방법, 통제가 쉬운 방법, 가족에게 좋은 방식을 선택하지 않고 세준이가 좋아하는 것이 무엇인지, 세준이에게 더 유익한 것이 무엇인지를 먼저 생각하게 됐어요. 세준이에게 약을 사용하지 않는 것도 그런 이유 때문이에요. 약을 사용하면 과잉행동이나 과잉충동, 문제행동 등이 줄어들 수 있겠지만 그에 따르는 부작용도 적지 않아요. 시간이 오래 걸리고 더 많은 인내가 필요해도 세준이가 행복한 쪽을 택하기로 했어요."

세준이가 조기교실을 중단한 이유도 다르지 않다. 조기교실이란 발달 장애나 자폐 스펙트럼 장애가 있는 아이들이 학령기 전 주위집중,

인지·언어교육, 감각운동, 소·대근육 훈련, 사회성 훈련 등을 하는 것을 말한다. 이를 통해 어린이집, 유치원 등 단체생활에 스스로 적응할 수 있도록 돕는 준비 학습 프로그램이다. 혜선 씨는 아이가 마땅히 배워야 할 생활습관을 익힐 필요도 있지만, 배우는 과정에서 스트레스가 늘어나고 아이가 위축되어 우울해진다면 억지로 교육 방식에 아이를 맞출 필요는 없다고 생각했다.

"조기교실을 1년 다니다가 그만뒀어요. 다른 아이들 경우는 잘 모르겠지만 세준이에게는 맞지 않는 것 같았죠. 선생님들이 행동 수정을 위해 손바닥을 때리기도 하거든요. 물론 세게 때리지는 않았죠. 그런데 체벌이 반복되다 보니 집에 와서 이상행동을 하더라고요. 구석에 찾아가 숨는다든지, '주세요' 라고 할 때 손도 안 내민다든지, 자꾸 운다든지……. 세준이가 다른 아이들보다 손에 오는 자극에 유난히 예민했던 거예요. 같은 자폐라도 아이마다 특성이 다 다르니 선생님들도 어쩔 수 없는 부분이 있었을 거예요."

혜선 씨는 힘들어하는 세준이를 보고 결심을 굳혔다. 세준이에게는 유일한 교육의 통로였던 조기교실을 그만두기까지 엄마의 큰 용기가 필요했다. 그런데 막상 아이를 집으로 데려오긴 했지만 특수교육 전문가가 아닌 엄마가 아이에게 해줄 수 있는 일은 많지 않았다. 다른 엄마들처럼 책을 읽어주고 함께 산책하고 끊임없이 대화를 유도할 뿐이었다. 그러다 보니 서로를 힘들게 하는 일이 조금씩 생겨났다.

"24시간을 함께 붙어 지내면서 저나 세준이나 서로에게 지나치게 의존하고 기대하게 됐어요. 그래서인지 둘 다 화를 내는 일이 많아지더라고요. 계속 고민했죠. 세준이와 함께 할 수 있는 일 중 저와 세준이 둘 다 행복할 수 있는 일이 무엇일지. 제가 음악에는 재주도 없고 흥미도 없지만 미술은 좋아하거든요. 손으로 이것저것 만드는 일도 좋아하는 편이고요. 도화지와 색연필만 있으면 충분하니 돈도 많이 들지 않고…… 그래서 미술을 선택하게 됐어요."

엄마가 아이와 시간을 보내기 위해 그림 그리기를 시작하면서 세준이에게는 새로운 세상, 놀라운 재능을 향한 문이 열렸다. 세준이 속에 잠자고 있던 그림에 대한 천재적 재능이 깨어난 것이다.

"세준이가 그림을 그릴 때 저는 옆에서 감탄하고 칭찬해주면 돼요. '정말 잘 그렸네' '멋지다' '대단하다' '최고다' 등으로 칭찬해주면 세준이도 으쓱해져서 더 열심히 하고요. 세준이가 말을 하지 못하니까 제가 그림에 대해 설명을 하죠. '이건 이런 거지? 저건 저런 거지?' 하면서요."

단 한 번도 그림을 배워본 적 없는 세준이. 누구도 가르친 적 없지만 세준이의 그림에는 '세준이풍' 이라고 해도 좋을 만한 독특함이 담겨 있다. 일정한 형태의 동물과 사람들, 밝고 선명한 색감이 눈길을 끈다. 얼굴 표정으로 감정을 표현하는 법을 모르는 세준이지만, 놀랍게도 세준이가 그린 동물과 사람들은 늘 다양한 표정으로 감정을 말하고 있다. 혜선 씨가 블로그(blog.naver.com/wands22)에 모아놓은 세준이의 그림을 살펴보면 감탄이 절로 나온다. 장애아가 그렸다는 사실이 놀라워서가 아니다. 독특한 구도와 풍부한 표현력이 오랫동안 눈길을 사로잡는다.

"세준이가 그림 그리는 모습을 보고 있으면 재미있어요. 모든 그림은 코부터 시작하고, 지우개를 절대 사용하지 않고 한 번에 완성해요. 시작하면 서너 시간씩 집중하는데 완성하지 못하면 불안해서 잠도 못 자요. 자라고 야단치면 자는 척하고 있다가 몰래 나와 다시 그림을 그리곤 하죠. 그림을 그리고 있는 동안 세준이는 장애아가 아니에요. 장애는 사라지고 재능만 드러나는 순간이죠."

장애와 재능을 동시에 가진 아이. 하지만 재능을 발견하고 이해하는 일보다는 아이의 장애를 인정하고 받아들이는 것이 우선이었다.

"처음에는 세준이의 장애를 인정하기 어려웠어요. 그래서 일반학교에 입학을 시키고 통합반에 다니도록 했죠. 엄마의 욕심일지 모르지만, 보통의 아이들과 섞여 있다 보면 우리 아이도 행복하게 보통 아이들처럼 자랄 거라고 기대를 했죠. 특히 자폐증 아이들은 모방행동이 두드러지는데, 똑똑한 아이들을 따라 하다 보면 어느 날엔가는 그 아이들처럼 되지 않을까 하는 희망을 품었던 거예요."

하지만 엄마의 바람은 실망으로 끝나고 말았다. 세준이의 장애를 이해하지 못하는 친구들로부터 당한 구타와 놀림 그리고 왕따. 세준이가 있는 그대로 받아들여지기에는 세상이 아직 녹록지 않았다. 엄마는 조기교실을 그만두었을 때처럼 또 한 번 심각한 고민을 했다. 힘들지만 보통의 아이들 속에서 이겨내는 법을 배우게 할 것인가, 아니면 좀 더 편하고 배려받는 환경에서 교육을 시킬 것인가. 혜선 씨는 세준이를 그림을 그리기 시작하면 골똘히 몰입하는 세준이.

엄마는 상상할 수 없는 세준이의 머릿속에

어떤 세상이 있는 것일까.

특수학교로 전학시키기로 결심했다. 아쉬움도 남았지만 엄마의 욕심보다는 세준이의 행복이 먼저라고 생각했다.

"밀알학교에 와서는 적응을 잘하고 있어요. 세준이가 일반학교에서는 부족한 면이 많은 아이였지만 특수학교에서는 비교적 잘하는 편이라 자신감도 늘었죠. 또 선생님들이 세준이를 많이 사랑해주시고 신경도 많이 써주시니까 학교 가기를 즐거워해요. 저도 마음이 한결 놓이고요."

대부분의 장애아 부모들은 아이를 특수학교에 보내는 일에 대해 부정적 견해를 보인다. 아이의 장애가 결함이나 부족이 아닌 하나의 특성으로 받아들여져서 비장애아들 속에 녹아들길 바라는 것이다. 또한 특수학교에 보내는 것 자체가 이미 내 아이가 특별하다, 혹은 장애가 있음을 인정하는 일처럼 느껴지기 때문에 죄책감을 느끼기도 한다. 그렇지만 장애아를 일반학교에 보내 통합교육을 받게 하는 쪽, 특수학교에 보내 전문적인 교육을 받게 하는 쪽 중 무엇이 바람직한지는 장애아들의 특성과 장애 정도에 따라 판단이 다를 수 있다. 그리고 그 결과 또한 무엇이 좋다고 단정 지어 말할 수 없다.

"세준이는 집착이 특히 심한 아이였어요. 뭐든 하던 대로 하지 않으면 화를 내고 고집을 부리죠. 신발도 같은 것 한 가지만 신어야 하고, 길도 늘 같은 길로만 가야 하고. 그게 안 되면 화내고 소리 지르고 행패 부리고……. 어떨 때는 다른 길로 가지 않겠다고 고집을 부려서 대여섯 시간을 길에서 씨름하기도 했고, 새 신발을 안 신겠다고 고집을 부려서 집까지 맨발로 온 일도 있어요."

한 번씩 아이와 실랑이를 하고 나면 혜선 씨는 파김치가 되어버리고 만다. 체력적인 한계와 우울함, 패배감 그리고 무엇보다도 자신이 부족한 엄마라는 자괴감이 하루에도 열두 번씩 나쁜 마음을 먹게 했다. 엄마는 세준이와 함께 '살기' 위해, 정말 죽지 않고 살기 위해 공부를 했다. 어차피 아이의 장애를 받아들여야 한다면 좀 더 잘 이해하고 가르칠 수 있도록 공부가 필요했다.

"사회복지와 특수교육 공부를 하면서 세준이의 장애를 받아들이게 됐어요. 엄마로서 너무나 화가 나던 아이의 행동에도 그럴 만한 이유가 있다는 것을 알게 되니 점점 세준이를 이해할 수 있게 됐고요. 그러다 보니 위험하거나 남에게 큰 피해가 되지 않는다면 어떤 일을 해도 통제나 구속을 하지 않기로 했어요. 특히 그림을 그리거나 놀이를 할 때는 마음껏 어지르도록 했고요. 블록을 쌓든 그림을 그리든 아무런 제재도 하지 않고 자기가 하고 싶은 만큼 충분히 상상력을 발휘하고 창의력을 펼칠 수 있게 내버려두었죠."

사람들은 세준이를 타고난 천재라고 말할지 모르지만, 사실 세준이는 자신이 무엇을 잘하는지 무엇을 좋아하는지 알지 못한다. 엄마의 세심한 관심과 노력이 없었다면 지금처럼 재능을 발휘하기는 쉽지 않았을 것이다.

"세준이는 제가 '엄마'라는 사실을 너무나 확실하게 알게 해주는 아이예요. 엄마의 무진장한 노력을 원하는 아이고, 그런 노력 없이는 살 수 없는 아이죠. 내가 이 아이의 엄마가 아니면 안 되는 이유, 엄마의 존재감을 확실히 인지시켜주는 아이예요. 엄마를 바랄 때 보이는 세준이의 반짝이는 눈빛, 행복해하는 모습, 처음 입을 열어 '어머니'를 불렀을 때의 기쁨…… 또 다른 뭔가를 해냈을 때의 성취감. 이런 것들이 저를 움직이게 해요."

세준이가 무엇을 원할까, 무엇을 즐거워할까, 무엇을 해주면 행복해할까. 세준이가 태어난 이후 자신의 거의 모든 시간을 아이를 위해 내

엄마가 곁에 없어도

행복하게 웃을 줄 아는 세준이가

대견하고 자랑스럽다.

어준 엄마지만, 지금도 여전히 엄마의 삶은 세준이를 중심으로 돌아간다. 운동시키기 위해 아이가 좋아하는 동물원까지 서너 시간을 걸어가고 그 넓은 동물원을 몇 바퀴씩 돈 다음, 저녁 10시쯤 땀에 절어 집에 도착해도 세준이와 엄마는 그 시간이 너무나 가슴 벅차고 행복하다.

"세준이가 '어머니 예뻐요'라고 말해줄 때 정말 행복해요. 세준이는 이미 저에게 해준 게 넘치도록 많아요. 세준이로 인해 기쁘고 행복한 순간들이 정말 많았거든요. 세준이가 나를 '어머니, 어머니' 하고 불러주는 것만으로도 얼마나 감사한지요. 저에게는 세준이의 존재 자체가 행복이에요."

소통할 수 없는 세준이를 향한 엄마의 외사랑. 때로는 이 사랑이 다른 가족들, 즉 남편과 딸에게 스트레스로 작용할 수도 있다. 하지만 세준이네 가족은 대화를 통해 장애아 가족이 겪는 어려움을 슬기롭게 극복해나갔다.

"남편의 지지, 후원, 관심이 없었다면 제가 세준이한테만 집중할 수 없었을 거예요. 남편은 저를 적극적으로 지원하고 저를 가장 믿어주는 사람이기도 하죠. 제가 딸에게 해주지 못하는 부분을 남편이 대신 해주는 편이에요. 남편에게 부탁했어요. 세준이를 돌보느라 가정에 조금 소홀해도 이해해달라고요. 남편이 저에게 부담을 준다면 제가 세준이를 기쁘게 돌볼 수 없었을 거예요. 하지만 남편은 많은 부분을 이해하고 양보하며, 때때로 포기하고 살죠. 너무나 고마운 사람이에요."

엄마는 세준이의 미래를 늘 생각한다. 세준이의 행복한 미래까지 머릿속에 이미 그려두었다는 것이다. 세준이가 지금은 도움을 받아야 하는 자리에 있지만, 어른이 된 후에는 남을 돕고 사회에 기여할 수 있는 사람이 되길 원한다고 엄마는 말한다. 장애인은 무조건 보호받고 배려받고 도움받아야 하는 부담스러운 존재라는 시선이 바뀌고, 기회와 복지만 허락된다면 얼마든지 능력을 발휘할 수 있다는 믿음이 있는 것이다. 혜선 씨는 세준이가 혼자 설 수 있는 아이로 자라길 원한다. 그래서 혼자서 살아갈 수 있도록 매일 가르치고 또 가르친다.

"우리 세준이가 훗날 좋은 배우자를 만나 행복한 가정을 이룰 수 있다면 더 바랄 게 없겠죠. 만약 그게 어렵다면 지금처럼 끊임없이 도전하고 결국 이루고 마는 세준이가 되면 좋겠어요. 부모가 없더라도 지금까지 해왔던 것처럼 한다면 시설에 들어가야 하는 처지는 되지

세준이의 미소, '어머니'라고 불렸을 때의 벅찬 감격,

이런 것들이 엄마의 발걸음을 씩씩하게 만든다.

않을 거라고 믿거든요. 세준이에게는 하나님이 주신 선물이 있잖아요. 그 귀한 재능으로 자신도 행복하고 많은 사람을 행복하게 하는 사람으로 살아가길 바랍니다. 그렇게 될 거라고 믿고 있어요."

인터뷰 중 수시로 시간을 확인하던 세준이 엄마. 이제는 더 이상 지체할 수 없다며 자리에서 일어선다. 세준이가 수업을 마친 지 이미 3분이나 지났다는 것이다. 인사도 하는 둥 마는 둥 엄마는 숨이 차도록 아들에게로 달려갔다. 엄마를 따라 체육관으로 올라가 보니 세준이는 자전거로 체육관을 돌고 있었다. 시원한 바람을 맞으며 속도감을 즐기는 세준이. 엄마가 온 줄도 모르고 열심히 페달을 밟는다.

"우리 세준이 자전거 잘 타네. 세준아, 엄마가 좀 늦었지. 기다렸니?"

무심한 표정으로 자전거를 타던 세준이가 엄마를 보고는 얼굴이 곧 밝아진다. 그런 세준이를 바라보는 엄마의 표정 역시 한없이 행복해 보인다. 세준이의 그림 '사자가족의 나들이'를 떠올리게 하는 모습이다. '행복한 꼬마화가'라는 별명을 가진 세준이. 아직은 어려서 할 수 있는 일이 많지 않지만, 혜선 씨의 바람처럼 자신의 재능으로 남을 도우며 살게 될 날을 기다리게 된다.

우연인지, 세준이를 알고 난 후 세준이와 유사한 능력을 보이는 자폐 장애아들을 여러 명 만나게 되었다. 하지만 이 아이들의 남다른 능력을 개발하고 발전시켜줄 만한 교육기관이나 프로그램이 없다. 세준이는 홈스쿨링을 통해 엄마가 직접 재능을 발견하고 키워준 사례이지만 그럴 만한 환경이나 여건이 되지 못하는 경우 재능을 인정받기는커녕 호기심의 대상에 머물고 만다.

전 세계적으로 소수의 뇌기능 장애인이나 자폐 스펙트럼 장애인에게서 발견되는 서번트 증후군. 그러나 전문가들은 뇌기능 장애가 있는 사람들 가운데 비교적 남다른 수행능력을 보이는 경우까지 서번트 증후군에 포함하기 때문에, 여기에 속하는 자폐 장애인들이 모두 천재적인 능력을 수행한다고 볼 수는 없다고 말한다. 그리고 이런 천재적 재능의 원인은 여전히 밝혀지지 않았다. 다만 이들의 능력이 최대한으로 발휘될 경우 장애를 넘어서 훌륭한 인재로 성장할 수 있다는 사실은 잊지 말아야 한다.

세상과의 소통이 어려운 자폐증 장애인들에게 일어나는 특별한 능력. 어쩌면 이 능력은 비장애인들과의 소통을 위해 신이 주신 특별한 선물 아닐까. 아무도 이들의 아픔과 고통에 귀 기울여주지 않기에 그림으로, 음악으로, 학문으로, 스포츠로 소통을 할 수 있도록 주신 특별한 능력 아닐까. 신이 세준이와 같은 사람들에게 '서번트' 라는 선물을 주었다면 우리 사회는 그 서번트를 인정하고, 재능을 발휘할 수 있도록 환경과 여건을 선물해야 한다. 장애인과 비장애인이 함께 사는 세상, 통합과 화합의 세상으로 가는 길은 이렇게 시작되지 않을까.

# 모자란 게 아니라 느린 아이

* 코넬리아디란지 증후군 혜연이와
부모 황보석 · 김진영

여기 한 아빠가 있다. 이 아빠는 딸만 바라보면 기쁘고 즐겁고 행복하다. 남들 눈에는 부족하고 모자란 아이로 보일지 몰라도 아빠에게는 세상에서 가장 예쁘고 귀한 딸이기 때문이다. 딸 생각만 해도 웃음이 절로 나오는 이 아빠는 세상에 둘도 없는 '딸 바보'임이 분명하다.

2.3킬로그램의 저체중아로 세상에 나온 혜연이(9). 혜연이가 두 살이 되던 무렵 두세 차례 경기를 일으켰지만 아빠는 딸에게 큰 문제가 있을 것이라고 생각하지 않았다. 그러나 의사는 코넬리아디란지 증후군이라는 희소질환을 의심했다. 이 증후군은 성장 장애, 정신지체, 다

모증, 골격과 외모의 이상 등을 특징으로 하는 선천성 희소병을 말한다. 미간까지 이어지는 짙은 눈썹과 온몸을 덮은 털 그리고 작은 머리 등 코넬리아디란지 증후군이 있는 아이들의 특성이 혜연이에게도 일부 있었기 때문이다. 이름도 생소한 코넬리아디란지 증후군. 아빠는 어찌 할 바를 몰랐다. 그저 의사가 건네준 엄청난 양의 증후군 관련 자료를 받아들고 집으로 돌아왔고 무너지는 자신을 어쩌지 못해 아내와 함께 밤새 통곡했다.

"내가 무슨 죄를 지었기에 이런 일이 생겼나 싶었습니다. 아내도 마찬가지고요. 병원에 가기가 두려웠어요. 혜연이가 태어나서 지금까지 병원에 갈 때마다 새로운 병명이 추가됐거든요. 아이가 자라면서 좋아지거나 정상적인 아이로 바뀌겠거니 하는 기대를 품었던 적도 있었죠. 하지만 아이의 장애를 인정하지 못하는 마음이 저희 부부를 더 힘들게 하더군요."

모든 장애아들의 부모는 비슷한 과정을 겪는다. 자신을 원망하고 절망하고 분노에 빠지는 시기를 겪고 나면 세상의 모든 방법을 동원해서라도 아이를 고쳐보겠다는 오기를 부리다가 어느 날부터는 아이의 상태를 정확히 바라보게 된다.

"어느 정도 시간이 흐르고 감정이 정리되고 나니 우리 부부에게 혜연이 같은 아이를 준 하나님에게 감사하게 되더라고요. 다른 집이 아닌 우리에게 온 것이 감사했어요. 혜연이를 키우기에 우리가 가장 적합한 부모이기 때문에 이렇게 만나게 해주셨다는 생각을 하거든요. 혜연이는 부모 품에 있을 때는 한없이 사랑스럽고 평범한 아이예요. 믿기 어려우실 수도 있지만 저희와 생활할 때는 장애가 전혀 느껴지지 않거든요. 다만 또래집단에 넣으면 확연히 티가 납니다. 비교하게 되기 때문이겠죠."

혜연이 아빠 황보석(42) 씨는 결혼 전부터 입양을 꿈꾸었다. 버려지고 소외된 아기들을 볼 때마다 그 아이들의 부모가 되어주는 것이 자신이 할 일처럼 느껴졌다. 큰딸 찬주를 낳고도 입양 생각에는 변함이 없었다. 시기와 여건만 맞으면 언제든 아기를 데려오려고 했다. 그러던 중 혜연이가 태어났다. 장애가 있는 아기였다.

"입양을 꿈꾸던 저희 부부였는데 장애가 있는 딸 때문에 힘들어하고 슬퍼한다는 게 부끄럽다는 생각이 들었습니다. 제 자식 하나도 잘 키우지 못하는 주제에 입양을 꿈꾸었던가 하는 자괴감도 컸습니다. 그러면서 마음을 단단히 먹게 됐고, 그러다 보니 혜연이를 키우

사람을 좋아하고 살가운 성격을 지닌 혜연이.

엄마와 아빠에게는 특별해서 더 빛나는 보석이다.

는 일도 힘들거나 어렵지 않았습니다. 마음을 고쳐먹으니 오히려 혜연이 때문에 일상에서 감사할 일들이 늘어났습니다."

하지만 가정에는 늘 감사와 사랑이 넘쳐도 세상은 여전히 혜연이에게 냉담했다. 혜연이를 바라보는 불편한 시선은 엄마조차 집 밖으로 나가지 못하게 했다. 다른 아이들처럼 놀이터에 데리고 나가 뛰어놀게 하고 싶었지만 이웃들의 불편한 시선을 견뎌내기에는 엄마의 마음이 너무나 여렸다.

"아내가 왜 늘 혜연이랑 집에서만 노는지 궁금했는데 제가 혜연이를 데리고 놀이터에 다녀와보니 그 이유를 알겠더라고요. 혜연이 외모가 다른 아이와 조금 다르고 행동도 조금 느리며 몸짓도 과장되다 보니 금방 아이들 사이에서 눈에 띄고 공격의 대상이 되는 거예요. 부모들이 보고 있을 때는 그러지 않다가 잠시 눈을 돌린 사이에 따돌림을 하고 공격을 하고……. 혜연이는 같이 놀고 싶은 마음에 친근하게 다가갔지만 다른 아이는 무섭다고 도망가는 거예요. 엄마들도 말로는 사이좋게 놀라고 타이르지만 이내 하나둘 자기 아이를 데리고 가버립니다. 결국 놀이터에 혜연이만 남는 거죠.
눈물이 날 만큼 씁쓸하더라고요. 그 후로 아내가 놀이터에 나가지 않아도 뭐라고 하지 않아요. 집에서 언니랑 엄마랑 아빠랑 함께 놀면 되니까요."

젖조차 제대로 빨지 못해서 주사기로 분유를 흘려 넣어주던 아이, 병치레가 끊이지 않던 아이가 자라 초등학교에 입학했을 때의 감격을 어떻게 표현할 수 있을까. 그렇게 가슴 벅찬 시간이 또 있었을까. 그러나 기쁨도 잠시, 혜연이는 한 학기 만에 학교를 나와야 했다. 눈에 넣어도 아프지 않을 것 같은 딸아이가 학교에서 친구들로부터 집단 괴롭힘을 당했기 때문이다. 아빠는 당시 혜연이가 학교에서 받았을 충격과 고통을 생각하면 지금도 마음이 아프다.

"지금 혜연이는 특수학교로 전학해서 초등부 2학년에 다니고 있어요. 일반학교에서 1학년 한 학기를 마치고 반 년을 쉰 뒤, 다음 해에 전학을 했습니다. 전학을 결정하기까지 혜연이도 저희 부부도 참 많이 힘들었어요. 혜연이 정도면 일반학교에 다녀도 잘 따라갈 거라고 생각했거든요. 그런데 아니었습니다. 혜연이가 겪은 일을 생각하면 …… 아비로서 말로 할 수 없이 속상하고 화가 나죠. 꼬집혀서 살점이 떨어져 나가고, 여기저기 다쳐서 피를 줄줄 흘리고 온 날도 있고, 친구들의 따돌림과 집단 괴롭힘, 선생님들의 무관심, 다른 부모들의 불편한 시선……. 혜연이도 저희 부부도 참 힘들었어요."

혜연이는 자폐성 장애 3급으로 일반 아이들에 비해 근육발달과 지능, 언어기능 등이 떨어진다. 하지만 지능지수(IQ)가 81~84 정도인 경계성 지능 장애여서 일반학교 아이들과 통합교육을 받는 데는 크게 무리가 없을 줄 알았다. 그러나 실제 학교생활은 쉽지 않았다. 선생님도 친구들도, 아직은 혜연이와 같은 장애아를 품고 배려할 준비가 되어 있지 않았던 것이다.

"입학한 뒤 두 달 동안 혜연이는 한 번도 여자화장실을 사용해보지 못했습니다. 옆 반 아이들이 혜연이가 화장실에 들어오지 못하게 화장실 문을 막고 있었다고 하더라고요. 혜연이가 자기 의사표현을 잘 못하다 보니 저희도 두 달이 넘도록 몰랐어요."

어느 날 우연치 않게 그 장면을 보게 된 엄마 김진영(37) 씨는 억장이 무너질 수밖에 없었다. 그런 혜연이 엄마의 심정을 알 리 없는 다른 아이들은 '왜 여자 화장실에 못 들어가게 했나'는 질문에 별일 아니라는 듯 해맑게 웃으며 "장난이에요"라고 답했단다. 철없는 아이들을 야단치는 일이 무슨 소용이겠나 싶어서 진영 씨는 선생님을 찾아갔다. 두 달 넘게 집단 괴롭힘이 계속되고 있었지만 선생님 역시 그 사실을 알지 못했다. 다만 남자아이들이 혜연이가 남자화장실을 사용한다고 이르길래 '절대 그러면 안 된다'고 혜연이를 야단친 적은 있다고 했다.

친구들은 여자화장실 가는 것을 막고, 선생님은 혜연이에게 이유도 묻지 않은 채 남자화장실에 가면 안 된다며 혼을 냈다. 다른 아이들의 괴롭힘 때문이라는 것을 알고 있는 친구들도 혜연이의 편이 되어주지는 않았다. 엄마는 아이들보다는 선생님에게 서운한 마음이 더 크다고 했다.

"선생님께서 혜연이를 좀 더 배려했으면 좋겠다는 아쉬움이 있었죠. 초등학교 1학년은 선생님이 하늘이고, 선생님 말씀이 최고거든요. 선생님이 '장애가 있는 친구를 도와줘야 한다' '배려해야 한다' '놀리고 따돌리면 안 된다' '만나면 반갑게 인사하고 사이좋게 지내야 한다' 이렇게 가르쳤다면 아이들도 달라졌을 거라고 생각해요. 그분은 좋은 선생님이었지만 통합교육이나 장애인에 대한 인식은 부족했던 것 같아요."

장애아를 일반학교에 보내려면 부모의 특별한 용기가 필요하다. 아이들이 겪어야 할 어려움이 눈에 선하기 때문이다. 장애아가 일반학교에서 교육받을 수 있도록 만들어진 특수학급은 되레 장애아들을 비장애아들과 분리시키고, 놀림과 차별의 원인을 제공하는 이유가 되고 있다. 부모들도 이 사실을 모를 리 없다.

일반 아이들은 장애아들을 '특수' 라고 놀리며 아무렇지도 않게 차별과 왕따, 심지어 손쉬운 폭력의 대상으로 삼는다. 인정하고 싶지 않지만 이것이 통합교육의 또 다른 현실이다. 장애아와 비장애아가 어울려 살아가는 법을 가르친다는 통합교육 제도 안에서 장애아들은 오히려 혹독한 차별만 배우게 되는 것이다. 그럼에도 '시간이 지나면 좋아지겠지' '학년이 올라가면 나아지겠지' 하는 바람으로 일반학교에 보내게 된다. 때로는 진정한 통합교육의 효과를 발휘해서 아이도 엄마도 만족할 만한 교육적 효과를 얻어내기도 하지만 대부분의 경우에는 교육적 효과보다 상처가 크게 마련이다.

혜연이의 일반학교 생활은 짧았지만 통합교육의 문제점을 그대로 드러낸 경우라고 볼 수 있다. 친구들의 왕따와 집단 괴롭힘, 통합교육에 대한 이해 부족에서 비롯된 교사들의 무관심과 배려 부족, 학교에

배치된 전문 인력의 절대적 부족 등은 시급히 해결해야 할 문제가 아닐 수 없다.

사소하게 보일지 몰라도 장애아를 일반학교에 보낸 부모들의 걱정 중 하나는 급식지도 문제다. 공부뿐만 아니라 아이들과 어울려 함께 밥을 먹는 것이 통합교육의 정신이지만, 장애아들이 누군가의 도움 없이 친구들과 급식을 함께 먹기란 현실적으로 결코 쉽지 않다.

"먹는 속도가 다른 아이들보다 느리니까 선생님이 먼저 먹은 아이들을 인솔해 교실로 돌아가요. 그러면 혼자 남아 밥을 먹어야 하는 거죠. 입학 후 담임선생님께 '한두 달만이라도 엄마가 급식실에 같이 가서 도와주면 안 되겠냐'고 물었더니 그건 안 된다고 하더라고요. 그러면 밥을 한 숟가락만 주더라도 다른 아이들과 속도를 맞추게 해서 교실로 같이 데려와 달라고 말씀드렸어요. 아이 혼자 남아서 밥 먹게 하는 건 옳은 방법이 아닌 듯해서요."

급식실이 따로 설치되어 있는 학교에서는 장애아들이 점심을 먹기 위해 남다른 노력을 해야 한다. 장애가 있는 아이들에게 비장애아들과 같은 속도로 밥을 먹고 교실로 돌아오라고 하는 것은 무리한 요구다. 장애아들의 식사 속도와 이동의 불편을 배려한다고 교실이나 보건실

혜연이가 평범한 아이가 되길

기대한 적도 있지만

이제는 혜연이의 행복만 바랄 뿐이다.

등에서 따로 밥을 먹게 하는 경우도 있지만 이것 역시 통합교육의 정신에는 반하는 일이다.

혜연이의 부모는 혜연이가 통합교육을 받으며 비장애아들을 따라 공부하고, 그들과 친구가 되고, 함께 사회 구성원이 되는 연습을 하기를 바랐지만 현실의 벽에 부딪혀 멈추기로 했다. 물론 특수학교로 전학한 뒤 일어날 일들을 확신할 수 없었지만 확연하게 밝아진 혜연이의 표정을 보면 잘못된 선택은 아닌 것 같아 위로를 받는다.

"등·하교를 시키며 매일 물어요. 학교생활은 어떠냐고요. 그러면 언제나 즐거웠다고 해요. 조잘조잘 친구들 이야기, 선생님들 이야기도 많이 하고요. 예전에는 못하는 아이, 부족한 아이, 모자란 아이였지만 특수학교에 와서는 오히려 친구를 도와주는 아이, 선생님께 사랑받는 아이가 됐어요. 어쩌다 먼저 다니던 학교 이야기를 물으면 시무룩해져서 대답도 잘 안 해요. 기억하기 싫은가 봐요."

혜연이 아빠는 다른 아빠들에 비해 육아에 관심이 많다. 큰아이 임신 때부터 아내와 함께 육아서적을 읽고 태교를 도와주는 준비된 아빠였다. 잠든 아내를 대신해서 한밤중에 두세 번씩 일어나 아이에게 젖병을 물리거나 기저귀를 갈아줄 정도로 자상한 아빠이기도 했다.

막내딸 혜연이에게 장애가 있음을 알고 난 뒤 얼마 동안은 막내에게 온 신경을 썼지만, 그럴수록 큰아이 찬주(12)에게 소홀히 하지 않고 엄마의 빈자리를 채워주려고 노력했다. 그럼에도 큰딸에게는 마음의 상처가 남았다. 이제 겨우 5학년인 큰딸이 아이답지 않게 동생을 챙기는 모습을 보면 부모는 안쓰럽고 미안하기만 하다.

"찬주한테는 늘 미안해요. 첫아이라 기대도 크고 욕심도 많아서 그런지 칭찬보다는 야단을 많이 쳤던 것 같아요. 혜연이의 부족함을 용납해주는 것의 반만큼이라도 찬주를 받아들여줬다면 어땠을까 하는 미안함이 있어요. 찬주는 혜연이가 태어나자마자 기특하게도 대소변을 가린 아이예요. 집에서는 시샘처럼 투덜대기도 하지만 저희가 없으면 찬주가 엄마를 대신할 만큼 신경을 써요. 어린 시절부터 늘 동생이 아픈 모습을 지켜봐서 그런지, 늘 동생을 돌봐야 한다고 생각하는 것 같아요. 은연중에 큰 짐을 지운 기분이라 저희도 마음이 편치 않죠."

"큰딸은 지금 5학년입니다. 막 사춘기가 시작되는지 짜탈이 많아요. 우리 앞에서는 '혜연이 때문에 미치겠다' '혜연이가 밉다'고 투덜거리지만 둘만 있으면 혜연이를 얼마나 챙기는지 몰라요. 같이 캠프를 보냈더니 주변에서 보신 선생님들이 큰아이 칭찬을 많이 하더라고요. 엄마처럼 동생을 보살피더래요. 동생 때문에 일찍 철이 든 것 같아서 큰아이에게는 늘 미안하고 고맙죠."

장애아를 키우는 부모들의 어려움 중 하나가 비장애 자녀에 대한 미안함이다. 열 손가락 깨물어서 안 아픈 손가락 없겠지만 그것은 마음뿐이고, 현실에서는 장애가 있는 아이에게 매달릴 수밖에 없다 보니 어쩔 수 없는 차별이 일어나게 된다. 비장애 형제들이 받는 상처도 적지 않고 때때로 이것이 가족들의 갈등 요인으로 불거지기도 한다. 하지만 갈등의 모습은 찾아볼 수 없이 혜연이는 한눈에 보기에도 밝은 모습이다. 부모의 충분한 사랑을 받고 자라서 그런지 낯가림도 없고 누구에게나 친근함을 보이며 잘 웃는 아이이다. 하지만 이것이 때로는 부모의 걱정거리가 되기도 한다.

"혜연이나 찬주가 울고 있으면 저희가 안아주고 등을 토닥여줬거든요. 혜연이는 그게 몸에 배어 있어요. 그래서 친구들이 싸우거나 울거나 화가 나 있는 것처럼 보이면 무조건 다가가서 안아주고 뽀뽀해주고 싶어 해요. 혜연이는 위로해주려고 하는 행동인데 친구들은 그렇게 생각하지 않아요. 문제는 아이들이 그런 행동을 싫어할 수도 있다는 점을 혜연이가 모른다는 거예요. 그래서 요즘에는 제가 엄하게 가르치고 있어요. 절대 아무나 안아주거나 뽀뽀하지 말고, 대신 손을 내밀어 악수를 하라고요. 그런데 잘 안 고쳐지나 봐요. 사람을 너무 좋아하거든요."

아이가 친근감과 애정을 표현하는 방법으로 포옹을 하는 일이 무슨 문제일까 싶지만 혜연이는 조금 다르다. 일반학교에 다닐 때는 특이한 외모나 행동 때문에 혜연이의 포옹을 피해 도망가는 아이들이 있었다면, 특수학교에 다니는 지금은 혜연이의 행동을 공격으로 받아들여 심하게 거부반응을 보이는 자폐성 친구들이 있다. 더 큰 문제는 아무 생각 없이 한 스킨십 때문에 성적 위험에 노출될 가능성이다. 장애아의 스킨십은 일정 부분 자제시키는 훈련이 필요하다.

"혜연이의 발달과정에 맞는 교육과 치료, 재활 서비스를 받으려면 시간도 시간이지만 비용부담이 적지 않습니다. 대기시간도 길고요. 그렇다고 사설기관에 보내자니 한 가지 서비스에 수십만 원씩 비용이 들어가요. 그래서 저희는 언어치료와 운동치료만 하고 있어요.

혜연이 가족은 세상의 불편한 시선에

더 이상 움츠러들지 않는다.

함께 걸어가는 가족이 있기 때문이다.

성조숙증 증세가 나타나서 성장호르몬 치료를 하고 있는데, 비용이 너무 고가라서 갈등할 때가 한두 번이 아닙니다. 한국에서 장애아를 키우려면 부모가 부자여야 합니다. 병원비, 치료비, 검사비, 보호장구, 특수교육, 특수치료…… 장애인에게 주는 정부 혜택이 있지만 그것만으로는 부족하죠. 그래서 예전에는 혜연이 때문에라도 복지 선진국으로 이민을 갈까 생각도 했었어요."

인터뷰 내내 옆에서 퍼즐을 맞추는 혜연이. 굉장히 작은 조각이라 어른들도 맞추기 어려워 보이는 것을 막힘없이 척척 맞춘다.

"혜연이가 특별히 잘하는 게 퍼즐 맞추기예요. 어른들도 몇 시간씩 걸리는데 혜연이는 금방 해내거든요. 300조각이든 500조각이든 한 번 쏟아놓으면 그림을 보지 않고 끝까지 맞추는데, 보고 있으면 신기해요."

혜연이도 서번트 증후군을 가지고 있는 것일까. 퍼즐 맞추기가 어찌 보면 별거 아닌 능력이라고 할 수도 있지만 고도의 집중력과 공간지각력이 없다면 그렇게 빨리 맞추기 힘들 것이다. 더구나 혜연이는 집중력 장애가 있는 자폐성 장애아가 아닌가.

"혜연이는 평소에 종이를 갖고 노는 걸 좋아해요. 달력 같은 빳빳한 종이 두 장만 주면 며칠씩 노는 데 아무 문제가 없죠. 종이를 원통으로 말아서 각각 이름을 붙여주고 서로 이야기를 하며 놀아요. 마치 인형극처럼요. 종이 원통을 살아 있는 것처럼 대해요. 같이 자고 학교도 같이 가고. 어느 날 종이가 너무 낡아서 제가 쓰레기통에 버렸더니 종이를 붙잡고 미안하다면서 울더라고요."

이런 혜연이를 어떻게 사랑하지 않을 수가 있을까. 황보석 씨에게는 혜연이가 그저 다른 아이보다 조금 늦되지만 정말로 사랑스러운 평범한 아이로 보일 뿐이다.

인터뷰를 마치고 혜연이와 함께 집 근처 서울숲으로 산책을 갔다. 엄마와 아빠 사이에서 재롱을 떠는 모습이 영락없는 철부지 막내딸이다. 부모가 딸아이의 곁에 있을 때까지는 최선을 다해 아이를 보살피겠지만 그 보살핌이 언제까지 가능할지는 누구도 장담할 수 없는 상황. 혜연이 아빠 황보석 씨의 바람도 다른 장애아 부모들과 다르지 않다. 혜연이가 부족할지라도 나름대로 경제적 활동을 하며 이 사회의 일원으로 살아갈 수 있는 길이 열리길 바라고 있다.

"한때는 혜연이가 '정상'이 될 것이라는 기대가 있었습니다. 자고 일어나면 거짓말처럼 평범한 아이가 될 것 같았죠. 하지만 지금은 혜연이가 재미있고 행복하게 살면 좋겠다는 생각만 합니다. 혜연이와 같은 장애아들이 보호자가 없어도 안전하게 살아갈 수 있는 사회, 장애인과 비장애인이 함께 사는 행복한 세상이 되었으면 하는 꿈을 꿉니다."

# 마음으로 지켜주는

# 아름다운 성장통

* 자폐성 장애 한결 · 한길이와 엄마 우진아

"초등학교 3학년 때쯤일 거예요. 한결이가 거실에서 가쁜 숨을 몰아쉬며 자위행위를 하고 있는데 순간 주체할 수 없이 눈물이 나더라고요. 저 녀석을 데리고 앞으로 어떻게 살아가야 하나…… 막막하고 슬펐어요. 뭘 어떻게 해야 할지 정말 모르겠더라고요."

자폐성 장애 1급의 최한결(14), 최한길(14) 쌍둥이 아들을 둔 우진아(44) 씨. 진아 씨는 아들의 자위행위를 처음 본 순간을 지금도 잊을 수 없다. 말이 통하는 아이라면 성에 대해 가르치기라도 하겠지만, 두 아들은 자폐성 장애아가 아닌가. 하지만 낙심만 하고 있다고 해서 해결될 문제가 아니었다. 엄마는 아들을 위해 공부를 시작했다. 아이들과 같이 살기 위해서 그들의 모든 것을 이해하기로 마음먹었다.

"누구에게 물어보기도 뭣한 일이라 혼자서 여기저기 찾아보다가 '제나(사단법인 제나프라이드: 한국발달장애인가족연구소)'에서 자폐성 장애인을 위해 성교육을 한다는 사실을 알게 됐어요. 바로 전화 상담을 하고 다음 날 찾아갔죠. 그렇게 공부를 시작했고 지금은 자폐성 장애인을 위한 성교육 강사가 됐어요."

하나도 키우기 어렵다는 자폐성 장애아를 둘이나 키우고 있는 진아 씨. 첫딸과 17개월 차이로 쌍둥이를 낳았기 때문에 출산 후 몇 개월 동안은 하루에 두 시간 이상 자본 일이 없었다. 극심한 피곤함과 육아에 대한 부담에서 시작된 산후우울증으로 거식증이 찾아오고, 순간순간 삶을 내던져버리고 싶은 충동이 일기도 했다. 그러나 이제 막 태어난 쌍둥이와 겨우 두 살 된 딸아이 앞에서 엄마는 힘겹게 자신을 추스를 수밖에 없었다.

"우울증은 6개월 만에 극복했어요. 이러다가는 큰일 나겠다 싶었죠. 그래서 뭔가 재미있는 일을 해보자는 마음으로 아이들을 잠깐씩 친정 식구들에게 맡기고 운전면허도 따고 연수도 받았어요. 아이들 모두 잠든 새벽에 일어나서 커피 마시며 책도 읽고…… 가능하면 내 시간을 가져보려고 애썼죠. 그 시기에 자폐증 관련한 책을 읽게 됐는데 우리 쌍둥이가 다른 아이들과 조금 다르다는 것을 느끼면서 더 많은 책을 찾아보게 됐어요.

사람들은 쌍둥이가 엄마를 편하게 해주려고 울지도 않고 순하다고 했지만 제가 보기에는 순한 게 아니었어요. 비디오를 틀어놔도 아무 반응이 없고, 소리 나지 않는 쪽으로 고개를 돌려놓아도 꼼짝 않고 그대로 있어서 귀가 안 들리는 건 아닌지 의심도 했죠."

쌍둥이는 누나와 많이 달랐다. 딸아이가 워낙 예민하고 다른 아이들에 비해 똘똘한 편이라서 상대적으로 발달이 늦은 쌍둥이들을 보며 엄마가 느끼는 불안은 다른 사람들에 비해 훨씬 심했다. 하지만 엄마의 걱정은 가족 안에서 공감되지 못했다. '점잖은 아이' '늦되는 아이'를 알아보지 못하는 엄마를 '조급하다' '유난스럽다' '예민하다' 탓할 뿐 아이의 성장에 대해 심각하게 고민하려 하지 않았다. 이 때문에 쌍둥이들에게 문제가 있음을 엄마는 짐작했지만 아이들이 네 살이 넘어서야 검사를 진행하게 됐다. 이렇게 진단을 늦게 시작하고도 발달 장애 판정을 받기까지 3년이라는 시간이 더 필요했다.

"아이가 셋이다 보니 상담이든 진단이든 받으러 가기가 쉽지 않았어요. 쌍둥이를 한꺼번에 진단해주면 좋겠는데 한 번에 한 아이만 상담실에 들어갈 수 있어요. 다른 아이를 맡아줄 사람을 구하지 못하면 애써 상담 예약을 잡았다고 해도 미뤄야 하는 거예요. 적어도 2~3개월 전에는 예약을 해야 하는데……. 더군다나 마침 IMF 시절이라 가정 형편도 어려웠고요. 상담 비용만 한 아이당 26만 원 들었던 걸로 기억해요. 장애 등급이 나오기 전이라서 사설 치료시설을 다니다 보니 특수치료는 한 명당 40~50만 원이 보통이고…… 아이들 병원비로 1년에 6000만 원 이상 쓴 것 같아요."

한결이와 한길이는 2분 차이로 태어난 쌍둥이지만 성격과 성향은 전혀 다르다. 큰아이 한결이는 한자리에서 발을 떼지 못하고 낯선 환경을 두려워하며 숨거나 구석을 향하는 성향인 반면, 동생 한길이는 잠시도 몸을 가만두지 못하고 마구 뛰거나 달리며 사고를 치는 아이다. 이런 두 아이와 비장애아인 딸까지 세 아이를 혼자 키우다시피 한 엄마. 절망의 순간과 마주할 때는 아이들과 함께 세상을 떠나버릴까 모진 맘도 먹어봤지만 엄마를 바라보는 천진한 눈망울에 마음을

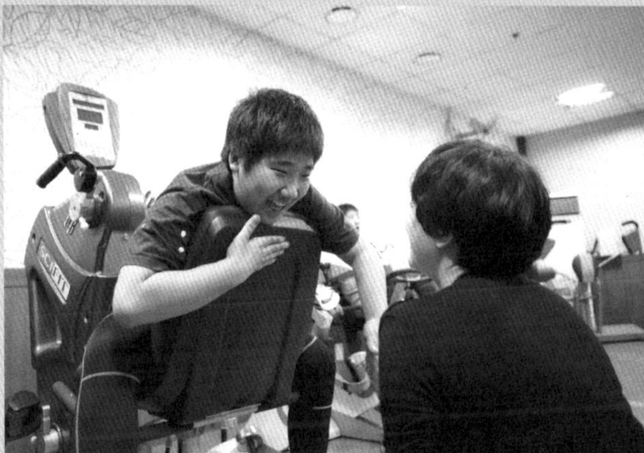

막막하기만 했던 두 아들의 사춘기.

엄마는 무엇보다 아이들의 변화를

자연스럽게 받아들이고 싶었다.

고쳐먹을 수밖에 없었다. 아이들과 함께 살자고 결심하고 나니, 기왕 사는 인생을 즐겁고 행복하고 건강하게 긍정적으로 살자는 마음이 들었다.

하지만 하나도 버거운 자폐아들이 둘. 그것도 쌍둥이 형제이다 보니 언제나 전쟁을 치루는 것과 다름없는 삶의 연속이었다. 무언가를 엎지르고 부수고 쏟고 넘어지고 부딪치고 구르고 다치고…… 잠시만 눈을 떼도 사고를 치는 아이들. 그래도 엄마는 과감하게 외출을 시도했다. 자폐성 장애아 교육에 외부자극이 상당한 도움이 된다는 전문가들의 책을 읽었기 때문이다. 쌍둥이들에게 필요하다면 남의 시선 따위는 두렵지 않았다.

"데리고 나가면 똑바로 서서 걷지를 못했어요. 항상 몸을 흔들면서 비틀비틀 불안하게 걷고, 손을 놓으면 위험한 줄도 모르고 차도로 뛰어들고……. 손에 쥐가 나도록 붙잡고 다녔어요. 한 손을 잡으면 다른 손으로 이것저것 만지고 쓰러뜨려서 서로 손을 잡고 한 줄 기차를 만들어 다니기도 했죠. 슈퍼에 가면 손에 잡히는 것마다 잡아

뜯어서 10만 원 넘게 계산하는 건 보통이고요. 물론 사람들에게 피해가 될 때도 있죠. 대놓고 '애 교육을 저 따위로 시키느냐' 라거나 '장애가 있는 애들을 왜 데리고 다니느냐' 며 욕하는 분들도 계셨지만 그때그때 이해를 구했어요. 우리 아이가 장애가 있어서 그런다고요. 규칙이나 예의를 잘 이해하지 못하는 자폐라고요."

쌍둥이의 상태가 이러했지만 병원에서 정식으로 장애 진단을 받게 된 때는 일곱 살 무렵이었다. 의사가 오진을 우려해서인지 '발달 지연' 이라며 기다려보자는 말만 계속했고 일곱 살이 되어서야 비로소 자폐 판정을 내렸다. 차라리 처음부터 장애라고 했더라면…… 한 가닥 희망을 품고 있던 진아 씨는 의사가 원망스러웠다. 엄마는 쌍둥이에게 장애 진단이 내려진 이후 아이들이 들어갈 학교부터 알아봤다. 통합교육의 필요성은 알고 있었지만 한결이와 한길이는 소리 내어 말할 수도 없는 상태라 누가 도와주지 않으면 학교생활이 어려웠다. 쌍둥이다 보니 엄마 혼자서는 동시에 둘 다 돌볼 수도 없었다. 그래서 아이들이 장애인으로 살아가는 데 필요한 최소한의 생활 훈련을 학교에서 받고 통합교육 부분은 엄마인 자신이 책임지기로 했다.

엄마는 쌍둥이를 특수학교에 보낼 때도 많은 고민을 했다. 한번은 아이들의 입학을 상담하기 위해 집 근처 특수학교를 찾았다가 장애아들을 대하는 교사들의 강압적인 태도에 놀라 도망치듯 돌아오기도 했다. 여러 학교를 수소문하고 찾아간 끝에 엄마는 집에서 조금 멀어도 안심하고 아이를 보낼 수 있는 한국육영학교에 입학원서를 냈다.

진아 씨는 아이를 특수학교에 보내는 게 좋겠다고 처음부터 확신했다. 장애아들마다 특성이 다르기 때문에 그에 맞춰 교육을 해야 할 필요가 있고, 게다가 아이들이 학교에 가 있는 동안 엄마에게는 자유가 주어지는 장점도 있다. 일반학교에 아이를 보내면 괜히 걱정이 되어 학교 근처를 배회하는 엄마들을 많이 봤는데 특수학교라면 그럴 이유가 없었다. 진아 씨는 자유 시간에 아이들 교육과 관련한 공부를 했다. 가정에서 아이들의 교사 역할까지 하기 위해서였다. 또 주말에는 무조건 밖으로 나가 통합훈련을 했다. 공원의 바닥분수를 좋아하는 아이들을 위해 초여름부터 서울 시내에 있는 모든 바닥분수를 찾아다니기도 했다.

"학교를 갈 때는 무조건 대중교통을 이용했어요. 지하철로 가려면 세 번 갈아타야 하고 버스로 가려면 두 번 갈아타야 하지만 일부러 그랬죠. 장애인이 적응해야 할 사회 환경 중 대표적인 것이 대중교통이잖아요. 조기교실을 다닐 때도 일부러 대중교통을 이용했어요. 두 녀석들을 데리고 버스를 타면 별일이 다 생겼죠. 버스에서 쫓겨나 중간에 내린 일도 여러 번 있어요. 한번은 아이가 하도 소란을 피우고 난리를 치니까 기사 아저씨가 잠실대교 중간에 버스를 세우더라고요. 애들 데리고 내리라면서요. 어쩔 수 없이 내리고 세 시간을 걸어서 집에 왔어요. 택시를 탈 수도 있었지만 일부러 걸었어요. 소란을 피우고 주변 사람들에게 피해를 주면 우리도 그만큼 고생한다는 것을 가르치려고요."

자가용도 있었지만 엄마는 불편함을 감수했다. 대중교통 이용 중 발생하는 돌발 상황, 대중교통이 아니면 보기 힘든 세상의 풍경을 아이들에게 보여주기 위해서였다.

버스에 동승했던 승객 중 반은 엄마를 비난했고 반은 동정했다. 시끄러우니 아이를 데리고 내리라는 승객은 차라리 이해할 수 있었다. 그러나 장애에 대한 이해 없이 '저런 걸 왜 낳았어?' '저런 걸 왜 데리고 다녀?'라며 들으라는 듯 큰 소리로 비난을 하거나 대놓고 '쯧쯧' 혀를 차며 동정 아닌 동정을 하는 사람들은 지금 생각해도 화가 난다.

"아직은 우리 사회가 장애인을 동등한 인격체나 사람으로 인정하지 않아요. 장애인을 부족한 사람으로 여겨 무시하고 경멸하거나 고작해야 불쌍하다, 안됐다 동정하는 정도죠. 장애인 본인이나 엄마들은 동정을 원하지 않아요. 존중해주지 못할 거라면 차라리 모른 척해주길 바라는 마음이에요."

서울장애인인권부모회에서 사무장으로 일하고 있는 진아 씨는 발달장애아 성교육 강사로도 활동 중이다.

"오늘은 밀알학교에서 방과 후 수업으로 성교육을 진행했어요. 사회적으로 장애인 성교육에 대한 필요성이 계속 대두되긴 했지만 실제로 장애아들에게 성교육을 실시하는 학교는 거의 없다고 해도 과언이 아니에요. 더 심각한 문제는 장애아의 부모조차도 자녀들의 성을 무시하거나 알고도 인정하지 않으려 한다는 점입니다."

진아 씨는 비장애인들은 물론 장애인들 역시 성적권리와 성적자기결정권을 존중받아야 한다고 강조한다. 모든 인간은 성에 대한 권리를

특별한 아이들을 이해하기 위해

엄마는 공부를 손에서 놓지 않았다.

갖고 있으며, 이러한 권리는 장애인에게도 동일하게 적용되어야 한다는 것이다. 장애인이 최소한의 성적권리를 보장받기 위해서는 장애인들에게도 성에 대한 정보가 제공되어야 하고, 성적행동을 교육받고 훈련받을 기회가 주어져야 하며, 장애인이 자신의 성적욕구를 자연스럽게 표현할 수 있는 환경이 마련되어야 한다고 조언한다. 더불어 결혼할 권리와 임신과 출산에 대한 결정권, 성적 만족감을 포함해서 이성을 사랑하고 또 사랑받는 기쁨을 누릴 수 있는 권리 역시 지켜져야 한다고 말한다.

사춘기에 접어든 두 아들을 키우고 있는 진아 씨 역시 아들을 비롯한 장애인의 성적권리에 주목하고 있다. 장애인들의 성적행동은 지극히 자연스럽고 건강한 욕구의 분출이며 그런 면에서 자위행위 역시 혼내거나 차단해야 하는 문제행동이 아닌, 가르치고 지도해야 하는 건강한 권리로 보호되어야 한다.

"처음에는 어느 부모나 저처럼 당황하실 거예요. 하지만 그런 행동이 잘못이거나 문제행동은 아니죠. 부모든 가족이든 그들을 지지하고 격려해줘야 합니다. 장애아들도 자위행위를 할 수 있고 보호받을 권리도 있어요. 다만 몇 가지 지켜야 할 것들을 가르칠 필요가 있죠. 그래서 성교육이 필요해요. 예를 들면, 남들에게 피해를 주거나 혐

오감을 주지 않도록 자기 방이나 집 안의 욕실 등 개인적인 장소를 정해주고, 다 마친 후에는 손을 깨끗이 닦도록 알려주는 거죠. 여자아이라면 이물질을 넣지 않도록 주의를 주고 공개된 장소에서 성기를 만지거나 노출시키면 안 된다는 등 성폭력 예방 차원의 교육도 함께해야 합니다. 말귀를 알아듣지 못하는 것처럼 보여도 반복적으로 교육하면 어느 정도의 행동통제는 가능하거든요.

저는 이젠 한결이, 한길이 두 녀석의 하루 스케줄만 봐도 그분이 오실지(욕구가 생길지) 알 수 있죠. 눈치가 보이면 '이불 덮어' 라고 말해주고 제가 방을 나와요. 두 녀석이 한 방을 쓰는데 한 녀석이 눈치껏 비켜줄 상황이 아니니까 이불 속에서 혼자 해결하도록 가르쳤어요. 지극히 사적인 행위니까 서로 존중하라는 의미로요."

어느덧 중학교 1학년이 된 쌍둥이들은 엄마만큼 몸집이 커져버렸다. 자라난 몸집만큼 감당해야 할 걱정도 커져가지만 아이들 앞에서 엄마는 늘 밝고 씩씩하다. 진아 씨는 성적욕구를 억지로 잠재우기보다는 해소하도록 지도하는 쪽이 옳다고 주장한다. 자위행위를 우려한 나머지 밤낮으로 무리하게 운동을 시킨다거나 다른 쪽으로 관심을 돌리게 하는 방법도 있다. 하지만 임시방편은 되더라도 원인을 제거하지는 못한다. 오히려 건강하게 발산할 수 있도록 유도하는 일이 아이의 정

훌쩍 자라난 두 아들.

엄마 손을 꼭 잡고

서로를 든든히 지켜준다.

신적·육체적 건강을 위한 방법이라고 진아 씨는 생각한다. 욕구를 억누르다 보면 의미 없는 동작을 반복하는 상동행동이 심해지거나 극심한 분노발작으로 인해 자해 혹은 타인을 가해할 수도 있다는 점을 잘 알기 때문이다.

"아들의 자위를 도와준 어머니가 계셨는데, 처음에는 자위로 만족하던 아들이 나이를 점점 먹으면서 그 이상의 것을 요구했대요. 차라리 아들과 함께 죽고 싶다며 통곡하는 그 어머니의 심정을 누가 이해하겠어요.

장애아의 성은 많은 장애아와 그 부모들이 함께 고민해야 할 문제입니다. 장애인이기 때문에 아무런 감정도 느낌도 욕구도 없을 것이라고 치부하는 비장애인들의 편견도 문제지만, 정작 장애아를 키우는 부모님들조차 아이가 아무리 성장해도 마냥 아이로만 여기거나 무성(無性) 혹은 중성(中性)이라고 여기는 경우가 더 문제예요. 그런 편견을 깨지 않는 한 장애인의 성적권리는 영원히 지켜질 수 없겠죠."

진아 씨는 장애인 본인에 대한 성교육도 중요하지만 부모나 일반학교·특수학교 교사들에 대한 성교육도 못지않게 중요하다고 말했다.

특히 아이의 상태를 가깝게 지켜볼 수 있는 부모들에 대한 성교육이야말로 가장 필요한 교육이 아닐 수 없다.

인터뷰를 마친 후 엄마는 아이들을 데리러 근처의 스포츠센터로 향했다. 최근 급격히 늘어난 쌍둥이들의 몸무게 때문에 운동시간을 늘이고 있단다. 운동을 좋아해서 수영, 인라인스케이트, 배드민턴 등 배운 것들을 제법 잘한다는 소리도 듣는다.

"최한결, 최한길! 오늘 운동 열심히 했어? 어디 어디, 엄마 봐야지. 오늘은 다른 선생님이 한결이, 한길이 만나고 싶다고 오셨네. 인사해야지. 인사해봐."

엄마의 말에 한길이가 꾸벅 인사를 한다. 한길이는 어리광도 부리고 눈웃음도 칠 줄 아는 애교장이 막내다. 그에 비해 수줍음이 많은 한결이는 엄마 곁을 맴돌 뿐 먼저 다가서지 않는다.

사진을 찍고 집으로 돌아갈 시간이 되자 엄마는 늘 그랬듯 양손을 내밀어 두 아이의 손을 꼭 잡는다. 아니, 어쩌면 아이들이 엄마 손을 꼭 잡았는지도 모른다. 어린 시절, 위험한 차도로 달려 나가려던 아들들을 보호하려고 엄마가 손을 꼭 잡아주었던 것처럼 말이다. 순간순간 힘들고 지쳐서 어쩌면 세상으로부터 달아나고 싶을지도 모르는 엄마의 손을 두 아들이 꼭 잡는다. 그리고 말한다. 엄마가 세상에서 제일 듣고 싶었던 말…… "엄마!".

# 아픔을 보듬으며 함께 걷는 길

* 연골무형성증 예인이와
엄마 이선혜

"저, 죄송한데요, 예인이가 아직 준비가 덜 된 것 같아요. 사진 취재는 허락했는데 기자님 만나는 일을 조금 겁내는 것 같네요. 어떻게 하죠?"

아주 드문 일이긴 하지만, 인터뷰 약속을 했는데도 상대편 심경에 변화가 있어서 갑자기 인터뷰를 취소해야 하는 경우가 있다. 그럴 때면 난감하기 그지없다. 더구나 집 앞에서 거절 의사를 밝히는 경우는 더욱 그렇다. 당황스러웠지만 잠시 기다리기로 했다. 상대는 감수성이 예민한 중학교 3학년 여학생이 아닌가.

주변의 시선에 한창 민감할 나이인 열여섯 살 예인이. 자신과 엄마의 장애에 대한 이야기를 해야 한다고 하니 숨거나 피하고 싶은 마음이 드는 것이 당연했다. 얼마나 시간이 지났을까. 다행히 예인이가 빨간색 스쿠터를 타고 나타났다.

"안녕하세요. 예인이예요. 근데 전 할 말 별로 없어요. 엄마랑 이야기하시면 안 돼요? 정말 창피한데……. 이거 인터넷에 나오나요? 그럼 우리 친구들도 다 보겠네요."

조잘조잘 귀여운 불평을 늘어놓는 예인이. 우울하거나 화가 나 있으면 어쩌나 걱정을 했는데 막상 만나 보니 한눈에 봐도 너무나 예쁘고 사랑스러운 열여섯 사춘기 소녀였다.

"사진 예쁘게 찍어주셔야 해요. '뽀샵' 도 해주셔야 해요."

인터뷰를 하지 않겠다고 하더니, 막상 머리며 옷이며 신발이며 적잖이 신경 쓴 모습이다. 엄마 이선혜(45) 씨도 그런 예인이가 고마운지 연신 흐뭇한 미소를 지어 보인다. 예인이와 예인이 엄마 그리고 예인이 엄마를 도와주는 친구와 함께 저녁을 먹으러 갔다. 500미터 정도의 거리였지만 키가 작은 예인이와 예인이 엄마에게는 걸어서 이동하기가 쉽지 않은 거리였다. 예인이는 스쿠터를 타고 엄마는 친구의 차로 이동했다.

"학교에도 스쿠터 타고 가요. 걸어가는 것보다는 편하지만 스쿠터가 시속 30킬로미터밖에 안 나와서 일찍 출발해야 해요. 비나 눈이 오면 더 힘들고요. 그리고 고장도 잘 나요. 길에서 그냥 서버리기도 해요. 울퉁불퉁하거나 턱이 높은 곳은 잘 다니지도 못하고요. 학교 가는 길만 해도 그런 곳이 얼마나 많은데요. 그런 길을 자꾸 다니니까 고장이 나는 것 같아요. 하지만 제일 싫은 건 사람들이 자꾸 쳐다보는 거예요."

예인이는 스쿠터를 천천히 몰아 식당에 도착했다. 먼저 도착한 엄마가 예인이를 맞아준다.

"엄마는 늘 걱정이야. 혹시나 사고 나면 어쩔까, 고장이라도 나면 어쩔까. 속도 내지 마라. 지난번에도 사고 났잖아. 천천히 조심조심 다녀야 해."

예인이는 엄마의 잔소리가 지겹다는 듯 대답 없이 식당으로 들어가 버렸지만 실제로 턱이 높은 곳을 지나거나 요철이 심한 곳에서 스쿠터가 뒤집힌 일도 여러 번 있었다고 한다. 최고급 스쿠터는 요철에서도 뒤집어지지 않도록 완충장치가 잘되어 있지만 예인이 스쿠터는 그 정도 사양이 아니기 때문에 엄마의 걱정이 끊이지 않는다.

"하루하루가 급해요. 제게 남겨진 시간이 얼마 없거든요. 그래서 자꾸 예인이를 다그치게 돼요. 우리는 다르잖아요. 다른 사람들은 몸을 움직여서 뭐든 할 수 있지만 우리는 할 수 없으니까요. 그래서 예인이한테 공부 잘해서 공무원 하라고 했어요. 안정된 직장을 구하면 걱정이 없을 것 같아서요. 그러려면 지금부터 공부에 최선을 다해야 하는데……."

"엄마가 괜한 걱정에 잔소리를 너무 많이 해요. 엄마는 제가 아무 생각 없이 사는 줄 알지만 저도 제 미래에 대해 고민 많이 해요. 엄마가 제 진로를 걱정하는 건 아는데…… 무엇보다도 제가 하고 싶은 일을 해야 좋은 거 아닌가요? 그리고 저 지금 중3인데, 한창 그럴 나이잖아요. 하하하."

넘어질까 봐 걱정하는 엄마를

안심시키려는 듯

미소를 머금고 다가오는 예인이.

중학교 3학년짜리 딸 예인이와 목하 전쟁 중이라는 선혜 씨. 전쟁은 예인이가 중학교 2학년 때부터 시작됐다. 중학교 1학년 때까지만 해도 엄마 말이라면 무조건 순종하던 착한 딸이었는데 한 해 사이에 아이에게 무슨 일이 생긴 것인지 엄마는 두렵기만 하다.

반면, 남 이야기하듯 엄마 말을 유쾌하게 받아치는 예인이. 세상에 무서운 것도 두려운 것도 없어 보이는 예인이는 중학교 3학년. 북한 병사들도 무서워한다는 '중2'를 이제 갓 넘어선 나이다. 엄마는 '중2병'을 앓고 있는 딸을 이해하면서도, 자신도 모르게 밀려오는 두려움 때문에 순간순간 가슴이 조인다.

중간고사 준비를 위해 식사를 마치고 자리를 먼저 뜨는 예인이에게 '열심히 공부하라'는 말까지 하고 나서야 선혜 씨는 비로소 한숨을 돌린다. 예인이의 빨간색 전동스쿠터가 시야에서 사라질 때까지 눈을 떼지 못하는 그녀는 눈을 감는 그 순간까지도 예인이 걱정을 놓지 못할 듯하다.

"태어날 땐 몰랐어요. 그런데 두 살 무렵, 막 걸음마를 배울 때인데 예인이가 '어머니, 다리가 아파요'라는 거예요. 제가 시어머니께 '어머니, 어머니'라고 하니까 예인이도 제게 '어머니, 어머니' 그랬거든요. 아기가 '어머니, 다리가 아파요' 그러는데 심장이 철렁하면서 뭐라 설명할 수 없이 쓰리고 아프더라고요."

예인이를 즉시 병원에 데려갔지만 정확한 진단명을 알 수 없었다. 그러나 밀려오는 불안감을 떨칠 수가 없었기 때문에 유전자 검사를 받기로 했다. 검사 결과가 나오는 날, 선혜 씨는 예인이의 진단 결과를 다 듣지 못했다. 의사가 "병 때문"이라고 말하는 순간 오열과 함께 정신을 놓아버렸기 때문이다. 열네 살 예인이의 키는 120센티미터, 마흔다섯 살 엄마는 100센티미터다. 남다르게 키가 작은 두 모녀는 희소질환인 연골무형성증을 앓고 있다.

"엄마를 닮아서 그렇다는 말을 들을까 봐 두려웠어요. 임신 당시, 한국에서는 검사가 어렵다고 해서 없는 형편에도 뉴질랜드에 의뢰해 검사를 받았는데 유전자 이상은 없다고 했거든요. 아무 이상 없다고, 축하한다고 그랬는데, 낳고 나니 병이라는 거예요. 예인이의 진단 결과를 들은 그날부터 매일 이혼해야지, 그만 살아야지, 남편에게 짐이 되지 말아야지…… 이런 생각만 했어요."

연골무형성증은 10만 명당 두 명꼴로 발생하는 희소질환이며, 비정상적으로 저신장을 일으키는 유전적 장애다. 평균 신장은 남성의 경우

131센티미터, 여성의 경우는 124센티미터다. 부모 중 한 사람이 연골무형성증일 경우 태어날 아기가 같은 질환일 확률은 50퍼센트가량이다. 하지만 연골무형성증은 유전자의 돌연변이 때문에 발생하는 골성장 장애로, 약 90퍼센트 이상이 새로 발생하는 돌연변이기 때문에 가족력은 없다. 그럼에도 선혜 씨는 예인이의 작은 키가 엄마로부터 유전되었다고 100퍼센트 믿고 있다.

장애인으로 태어났다는 이유로 받아야 했던 지독한 멸시와 천대. 남도 아닌 낳아준 엄마로부터 받은 정신적 학대는 선혜 씨의 자신감을 빼앗고 자존감을 상실하게 했다. 그런데 딸마저 자신과 같은 운명이라니…… 친엄마도 그렇게 밀어내고 부인했는데 남편이라고 무엇이 다를까. 결국에는 자신도, 딸도, 남편에게 짐만 되다가 버림받을 수 있다는 불안함이 꼬리에 꼬리를 물었다.

"엄마는 저를 사랑하지 않았어요. 키 크고 잘생긴 부모와 형제들 사이에 저 같은 아이가 있다는 것을 늘 창피하게 생각했죠. '너는 내 자식이 아니다' 라는 말까지 했어요. 당신 사주에는 자식이 셋뿐이라고, 그런데 구석에 병든 것이 하나 조그맣게 있다는 둥…… 엄마로서 하지 말아야 할 말들을 너무 많이 했죠. 엄마를 기쁘게 해드리고 싶고 자식으로 인정받고 싶어서 우등생을 놓치지 않았는데 엄마에겐 그런 것도 소용없었어요."

경기도 평택에서 어린 시절을 보낸 선혜 씨는 착하고 얌전하며 속 깊은 아이였다. 아니, 얌전하고 속이 깊지 않으면 살 수 없었을지도 모른다. 비록 없는 자식 취급을 받고 자랐지만 그런 엄마를 기쁘게 해드리기 위해 공부를 열심히 했고, '나를 왜 이렇게 낳았느냐'는 투정이나 원망도 해보지 않았다.

"엄마가 저를 많이 꼬집었어요. 너무 잘난 형제들 사이에 장애가 있는 딸이 있는 게 엄마에게는 상처였고, 그 상처를 만든 딸이 미웠던 거죠. 엄마를 생각하면 서러움에 눈물만 나요. 제가 초등학생 때는 엄마가 저를 학교에 업어다 주셨고, 몸집이 조금 자라고 난 다음부터는 여동생이 저를 업고 남동생이 가방을 들어줬죠.

저는 어렸을 때부터 엄마가 저를 싫어한다는 사실을 알아버렸어요. 저 때문에 부모님이 싸우시는 일도 여러 번 있었고요. 아빠는 그런 제 마음을 아셨어요. 늘 저에게 잊으라고, 잊어야 살 수 있다고

자신의 꿈을 찾아나가면서 엄마의 걱정도 덜어주고 싶은

열여섯 예인이는 미래에 대해 고민이 많다.

말씀해주셨거든요."

무엇하나 빠질 것 없는 가정에 잘생기고 준수한 형제자매들 속에서 자란 선혜 씨. 누가 봐도 부러워할 만한 완벽한 가정이었기에 선혜 씨의 장애는 더욱 도드라지고 표가 날 수밖에 없었다. 잘난 가족들 속에 살면서 알게 모르게 받아왔던 차별과 학대 그리고 무관심을 선혜 씨는 견디기 어려웠다. 특히 자신을 낳아준 친엄마에게 받은 설움은 어린 마음에 깊은 상처가 되어 죽어도 잊기 어려울 정도가 되었다.

"딱 한 번 엄마에게 대들어봤어요. 고등학교 마치고 기숙사가 있는 직장에 다니던 때였죠. 명절이라 집에 내려왔더니 엄마가 절 주려고 옷을 사놓으셨더라고요. 그때 엄마에게 말했어요. 누굴 위한 선물이냐고요. 내가 선물 달라고 했냐고…… 평생 자식 취급, 사람 취급도 하지 않으면서 옷 같은 게 뭐 대단하냐고요. 옷이 아니라 사랑받고 싶고 관심 받고 싶은 거라고요. 딱 한 번 그랬는데 그것도 돌아가시고 나니 후회가 되네요.

자라는 동안 내내 누구도 절 사랑하지 않는다고 생각했어요. 바닥에 기어 다니는 벌레를 보면 저 같다고 생각했죠. 거울에 비친 제 모습이 너무 싫어서 거울도 보지 않았고요. 예쁘다는 말도 놀리고 조롱

하는 것처럼 느껴졌어요. 엄마에게 받은 상처가 절 그렇게 만든 것 같아요."

장애를 가지고 태어났다는 이유로 엄마에게조차 사랑받지 못했던 어린 시절. 선혜 씨는 그런 처지의 자신을 이해할 수도 없었고, 사랑할 수도 없었다. 그 상처는 40대 중반이 된 지금도 여전히 아물지 않고, 기억을 떠올릴 때마다 서러운 눈물이 되어 흘러내린다. 하지만 예인이에게는 그런 슬픔을 물려주고 싶지 않았다. 장애를 가지고 있지만 세상 그 누구보다 귀하고 예쁜 딸로 키워내고 싶었다.

"제 인생이 너무나 불쌍하고 측은해서…… 너무나 보잘것없어서…… 죽으려는 마음도 여러 번 먹었어요. 하지만 예인이 때문에 그럴 수는 없었어요. 예인이는 저처럼 불행하면 안 되거든요. 우리 아이는 꼭 행복해야 하거든요. 척추 뼈가 내려앉아서 뼈마디가 전부 끊어지듯 아프고 손가락 하나 꼼짝할 수 없다가도 예인이가 '엄마 물~' 그러면 저도 모르게 벌떡 일어나져요. 제가 생각해도 신기해요. 죽을 것처럼 앓다가도 예인이가 '엄마~' 하고 부르면 바로 일어나 달려가거든요. 예인이가 저를 살게 하는 거죠."

선혜 씨는 자신처럼 불행한 딸을 만들지 않기 위해 과잉보호라고 해도 과언이 아닐 만큼 예인이에게 관심과 사랑을 쏟았다. 그래서인지 예인이는 누가 봐도 그늘 없는 아이로 잘 자랐다. 엄마와 토닥거리며 말싸움을 하거나, 심술 난 척 뽀로통한 표정을 하거나, 때로는 엄마를 이겨보려고 억지를 부리고 톡톡 말대꾸하는 모습까지 제대로 사춘기 티를 내고 있는 중3 예인이. 하지만 잠시 앉아 이야기를 나누다 보면 깊은 눈 속 어딘가에 감춰진 슬픔이 보인다.

"학교에서 친구들에게 왕따를 당해도, 때때로 힘든 일이 있어도, 엄마가 슬플까 봐…… 나 때문에 가슴 아플까 봐 말하지 않아요. 엄마가 저를 이렇게 낳았다는 것 때문에 엄청 미안해하는 걸 알거든요. 그래서 더 잘해주려고 하는 것도 다 아니까 더더욱 말하기 싫어요. 말하기 힘든 게 아니라 말하기 싫은 거예요.

왕따는 항상 꼬리표처럼 따라다녔죠. 부당한 대우도 많아요. 아이들이 저를 많이 놀리고 무시했거든요. 초등학생 때는 친구들이 항상 절 빼놓고 놀았어요. 저는 줄넘기나 뛰는 운동을 할 수 없으니까요. 초등학생 때는 말이나 수다로 친해지는 게 아니라 놀거나 장난치면서 친해지는데 저는 그럴 수 없었어요."

약한 몸과 작은 키 때문에 친구들과 뛰어놀 수 없었던 예인이는 언제나 멀리서 친구들의 놀이를 부러운 눈으로 지켜볼 뿐이었다. 많이 울고 많이 슬펐지만 엄마 앞에서는 늘 웃음을 잃지 않았던 예인이. 하지만 어린 마음에 쌓여가던 상처는 마침내 병이 되고 말았다.

"학교에서 일상적으로 하는 심리검사에서 제 심리 상태가 아주 위험하다는 결과를 받았어요. 솔직하게 대답했는데 상담이나 치료를 받지 않으면 안 되는 상태라고…… 그래서 얼마 전부터 심리상담과 치료를 받고 있어요."

상처를 치유하고 있는 지금도 예인이는 숨겨진 고통을 드러내지 않는다. 아무 일도 없다는 듯 엄마 앞에서 밝게 웃고 떠들고 장난치고 투정까지 부리는 예인이. 하지만 때때로 엄마보다 더 어른스럽고 사려가 깊어 애늙은이 같다는 소리를 듣는 아이. 그래서 엄마는 더욱 가슴이 미어진다.

"차라리 아프다, 슬프다, 고통스럽다, 엄마가 밉다, 원망스럽다 그렇게 말하면 좋겠어요. 억울하다, 답답하다, 미치겠다, 쏟아놓았다면 병이 되지는 않았을 텐데. 엄마가 부족하고 모자라고 약해 빠져서 어린 딸이 그 짐을 다 짊어지니 너무나 가슴이 아픈 거예요. 우리 예인이는 엄마가 우는 모습이 제일 싫다며 절대 울지 말라는데 바보같이 자꾸 울어요.

어쩌면 제가 예인이를 힘들게 한 것이 사실이에요. 언젠가는 제가 예인이 곁을 떠나야 하는데, 그 시간이 얼마 남지 않은 것 같아서 마음이 조급하거든요. 예인이는 잘 살았으면 좋겠어요. 장애가 있다고 엄마처럼 가난하게 살지 말고, 장애 때문에 엄마처럼 불행하게 살지 말고, 좀 더 나은 환경에서 행복하게 살게 하고 싶어요. 그래서 자꾸 잔소리를 하는데 그러다 보니 예인이 마음만 다치게 하는 것 같아요."

선혜 씨는 또 눈물을 찍어낸다. 인형처럼 작은 체구의 엄마에게서 태어난 인형같이 작은 딸. 작고 어리지만 마음만은 아이답지 않게 깊고 넓어서 그것마저 엄마의 마음을 더 아프게 하는 딸. 엄마는 그런 예인이를 생각할 때마다 가슴이 아려서 복받치는 눈물을 주체할 수 없다.

내려앉는 척추로 인해 어느 날엔가는 일어설 수 없는 몸이 될 것임

아웅다웅 장난도 잘 치는 엄마와 딸.

친구처럼 서로에게 든든한 버팀목이 되어준다.

을 알기에 엄마는 자꾸 조급해진다. 아직은 일어설 수 있고 걸을 수 있고 몸을 움직일 수 있을 때 예인이를 위해 뭔가를 준비해둬야 하는데 아무것도 준비 못 하고 시간만 흘려보내는 것 같아서 애가 탄다.

"예인이가 어엿하게 대학교를 나와서 사회인이 되는 것을 보면 아무 걱정이 없겠어요. 그때까지는 제가 아무리 아파도 이를 악물고 참으면서 뒷바라지해줄 거예요. 저렇게 태어나게 한 것도 미안한데 제가 짐이 되면 큰일이잖아요. 누워서 일어나지 못하는 상태가 되면 요양원으로 갈 생각이에요. 예인이도 도움이 필요한 아이인데 누워 있는 엄마를 수발하라고 할 수 없으니까요."

이미 20대에 '마흔이 넘으면 걷지 못할 것'이라는 진단을 받았다는 선혜 씨. 그러나 마흔다섯 살을 넘기고 있는 지금도 집안일과 바깥일을 잘 해내고 있다. 일어나지 못할 만큼 극심한 통증 속에서 진통제의 힘으로 살고 있지만, 예인이를 바라보며 죽을힘을 다해 참고 있다. 딸에게 아픈 모습을 들키지 않으려는 엄마와 엄마에게 슬픈 모습을 들키지 않으려는 딸. 그런 아픔과 슬픔을 알고 있으면서도 엄마는 딸을 위해, 딸은 엄마를 위해 눈물을 감추고 더욱 밝고 환하게 웃는다. 세상에 이보다 더 아프게 사랑하는 모녀가 또 있을까.

"엄마, 우리는 평소에 정말 친구처럼 서슴없이 서로에게 장난 같은 말도 하고 진지한 말도 하고 지내잖아. 그러다 보니 오히려 할 말 안 할 말도 막 하게 되고…… 서로 상처 주는 말도 하게 되는 것 같아. 미안해. 나도 엄마한테 말 예쁘게 하려고 하는데, 마음대로 안 되네. 좀 이해해줘, 노력할게. 앞으로 서로서로 배려하자. 사랑해."

작고 여린 딸이 살아가기에는 너무나도 각박한 세상. 남부럽지 않게 잘해준 것도, 넉넉하게 남겨줄 것도 없기에 엄마는 오늘도 잠을 이루지 못하지만 예인이는 되레 어른스럽게 다가가 엄마의 눈물을 닦아주는 아이이다. 하지만 그런 예인이에게도 비장애인들의 시선은 상처로 남는다. 인터뷰에 응하기까지 큰 용기가 필요했다는 예인이. 인터뷰를 통해 비장애인들에게 부탁하고 싶은 말이 있다고 한다. 그동안 어린 가슴에 맺혀 있던 아픔에 대한 이야기다.

"차별하지 말아주세요. 몸이 작다고 해서 뇌가 작은 건 아니거든요. 제가 아무렇지 않은 듯 웃어넘긴다고 해서 '그래도 된다' 고 생각하지 마세요. 저도 머리가 있고 생각이 있거든요. 그리고 학교든 사회든 장애가 있으니 못할 거라고 단정 짓고 제외시키지 말아주세요. 저도 할 수 있거든요. 기회를 주세요. 그리고 제발 이상한 눈으로 쳐다보지 말아주세요. 힐끔거리는 시선이 어딜 가나 제일 두렵고 싫어요."

예인이는 10대답게 좋아하는 것도 많고 이것저것 해보고 싶은 일도 많다. 글도 쓰고 싶고 네일아트도 배워보고 싶고 피아노도 다시 배우고 싶다는 욕심 많은 아이. 하지만 욕심을 내기 전에 책을 많이 읽으면서 자신의 미래를 차분히 찾고 싶다고 말하는 당찬 소녀. 비록 몸은 작지만 꿈만은 세상에서 가장 큰 소녀다. 작은 예인이의 큰 꿈이 이뤄지길 기원한다.

# 고통 앞에서 가장 뜨겁게 사랑하기

* 레녹스-가스토 증후군 정우와 엄마 민선희(가명)

"정아야, 정우는 이 땅에서는 영원히 걷지 못할 거래. 말도 하지 못할 거고. 그래서 정아랑 이야기도 못 하고 같이 놀지도 못해. 하지만 하늘나라에 가면 정우도 뛰어다닐 수 있을 거야. 하늘나라에서는 다 같이 행복할 수 있어. 그러니까 하늘나라 가자. 거기 가서 정우랑 정아랑 엄마랑 행복하게 살자."

2011년의 어느 날. 그날도 정우(5)는 온종일 경기(驚起)를 일으켰다. 숨이 넘어갈 듯 힘들어하는 아이를 보며 엄마 민선희(42) 씨가 할 수 있는 일은 아무것도 없었다. 그저 떨리는 아이 손을 잡고 이 순간이 빨리 지나기만을 기도할 뿐이었다. 도대체 언제까지일까? 끝이 보이지 않는 미래, 잠을 잘 수도 숨을 쉴 수도 없을 것 같은 날들……. 아무 생각도 나지 않았고 어떤 생각도 할 수 없었다.

경기를 하는 정우를 업고 일곱 살짜리 큰딸 정아의 손을 잡은 채로 무작정 길을 나섰다. 이대로 사라지면 모든 것이 편안해질 수 있다고 생각했다. 얼마쯤 걸었을까. 엄마 손에 이끌려 따라오던 정아가 엄마를 잡아 세웠다. 정아에게 알 수 없는 두려움이 엄습했던 모양이다.

"엄마, 그런데…… 꼭 오늘 하늘나라 가야 해? 다음에 가면 안 돼? 엄마, 나는 다음에 가면 좋겠는데……. 그냥 집에 가자. 하늘나라는 다음에 가고 오늘은 집에 가자. 응? 엄마, 그렇게 하자."

정아의 애원도 귀에 들어오지 않았다. 그저 빨리 이 고통을 끝내야겠다는 생각밖에는 없었다. 그때 마침 휴대전화가 울렸다. 넋이 나간 엄마 대신 정아가 전화를 받았다. 아이들의 외할머니에게서 걸려온 전화였다. 정아는 외할머니에게 엄마의 상태를 알렸다. 외할머니와 이모들이 번갈아 엄마를 설득했고 정아를 통해 가족의 위치를 파악했다. 얼마나 지났을까. 엄마와 정아 그리고 정우는 구급차에 실려 병원으로 향하고 있었다.

"그때가 두 번째 시도였어요. 첫 시도는 정우 두 살 때…… 그땐 저 혼자 약을 먹었어요. 슬퍼서 매일 울기만 했을 때예요. 앞으로 정우랑 살아가야 할 세상이 무섭고 두렵고 슬프기만 했어요. 너무나 외로웠어요. 누구도 무엇도 위로가 되지 않았죠. 그리고 지난해…… 우리 정아 일곱 살 때였어요. 정아에게 너무 미안해요. 평생 지워지지 않을 상처를 준 것 같아서…… 그 상처가 쉽게 치유되지 않을 것 같아서…… 너무나 미안해요."

선희 씨 눈에서 주르륵 눈물이 흘러내린다. 장애아를 키우면서 우울증에 시달려보지 않은 엄마가 어디 있을까. 삶을 다 놓아버리고 싶다는 생각을 안 해본 엄마가 어디 있을까. 선희 씨 역시 마찬가지였다. 예쁜 큰딸을 낳고 바라던 아들까지 얻었다. 부러울 것 없이 행복했던 시간들. 건강하게 태어나 안고 기고 눈을 맞추며 재롱을 부리던 아들. 힘 있게 보행기를 밀고 다니던 정우에게 이상이 생긴 것은 생후 9개월 무렵이었다.

"열이 심하게 오르는가 싶더니 경기를 하는 거예요. 처음에는 경기를 하는 줄도 몰랐고, 아이가 힘이 쭉 빠지고 고개를 떨군다 싶었거든요. 그런데 차차 심해지더니 누운 채로 손가락 하나 꼼짝하지 못하고 울지도 않고 고개를 가누지도 못하고…… 건강했던 아이가 갑자기 그렇게 된 거예요. 쉴 새 없이 경기를 하다가 호흡 곤란이 오면 119를 불러서 응급실로 향하고……. 그게 일상이었어요."

정우의 병명은 난치질환인 레녹스-가스토 증후군. 소아기에 나타나는 간질 중 가장 심한 경우에 속한다. 여러 가지 형태의 경련을 일으키며 발달 장애와 지적 장애를 동반하고 지속적인 발작이 중단되지 않을 경우 사망에 이르기도 한다. 하지만 답답하게도 발병 원인을 알 수 없으며 특별한 치료 방법 또한 아직까지 없다.

"정우는 응급실로 들어가면 바로 중환자실로 옮겨지는 환자예요. 자주 가다 보니 병원에서도 정우가 오면 알아서 대응을 해주시죠. 한번은 중환자실에 면회를 갔는데 아이는 초주검이 돼 있고, 간호사는 주사를 놓지 못해서 쩔쩔매고 있더라고요. 간호사가 초보였는지 양팔부터 머리, 목, 전신을 벌집처럼 찔러놓고도 바늘을 꽂지 못한 거예요.

정우는 울지 못하는 아이예요. 통증이 뇌로 전달돼서 울라는 명령을 내려야 하는데 그 과정 중 어디쯤이 잘못됐는지 울지를 못하죠. 아이가 울지 않으니까 주삿바늘을 막 꽂았던 모양이에요. 울지 않는다고 통증을 못 느끼는 건 아닌데…… 얼마나 속이 상했는지 제가 간호사를 막고 화를 내면서 의사 선생님을 불러달라고 했어요."

전쟁터와 같은 응급실과 중환자실을 안방처럼 자주 오가야 했던 날들. 단 하루도 단 몇 시간도 편하게 잠을 자본 적 없는 날들. 언제 경기가 찾아올까, 열이 오르지는 않을까, 호흡곤란이 오지 않을까…… 한 순간도 정우에게서 눈을 뗄 수 없는 시간들이 엄마를 짓눌렀다. 언제까지 이런 시간이 계속되는 걸까, 언제쯤이면 이 전쟁 같은 날들이 다 지날까…… 엄마는 앞이 보이지 않았다.

"남편은 착한 사람이에요. 다만 일을 하다 보니 정우를 많이 돌봐주지는 못했어요. 남편이 알아서 도와주기를 바랐는데, 남편도 자기 일로 바쁘다 보니 거의 저 혼자 정우를 돌보는 편이었어요. 정우가 아프고부터는 남편이 거실에서 혼자 자고 제가 아이 둘을 데리고 자거든요. 저는 거의 밤을 꼬박 새워야 해요. 정우가 밤에 잠을 거의 못 자거든요."

처음에는 혼자서도 감당할 수 있다고 생각했다. 아내의 어려움을 모른 척하는 남편도 아니었고 선희 씨가 부탁하면 언제든 도와주었다. 그러나 어느 순간부터 선희 씨는 남편에게조차 도움을 구하기 싫어졌다. 그러는 사이 남편에 대한 서운함, 원망, 불만이 쌓여갔다. 자신도 모르게 마음의 병이 생기고 있었던 것이다.

손녀 정아를 통해 선희 씨의 상태를 알게 된 친정아버지는 남편을 크게 혼냈다. 일도 중요하지만 가정을 지키는 게 우선이라며 호통을 치셨다. 선희 씨의 남편은 장인 앞에 무릎을 꿇었고 시댁 식구들도 눈물을 흘리며 용서를 빌었다. 지금은 남편과 시댁 식구들 모두 선희 씨에게 격려의 말을 건네며 서로를 잘 챙겨준다.

차라리 '힘들다' '괴롭다' '아프다' 비명이라도 지르고 호소라도 했다면 좋았을 텐데, 유난히 결이 곱고 착한 성격의 선희 씨는 가장 가까운 가족에게조차 부담이 되기 싫었다. 힘들거나 어려운 내색을 거의 하지 않고 속으로 참다 보니 마음의 병이 더욱 깊어졌다.

"지금도 저와 가까운 사람조차 제 아이에게 장애가 있다는 걸 몰라요. 설사 그런 사실을 안다고 해도 장애아를 키우는 부모들에게 육체적으로나 경제적으로 어떤 어려움이 있는지 잘 모르고요. 저 역시 밖에서는 아무 일 없는 듯 밝게 행동하거든요. 우울하고 슬픈 모습

잦은 발작으로 힘들어하는 정우.

엄마는 안아주고 보듬어주며

마음으로나마 고통을 나눈다.

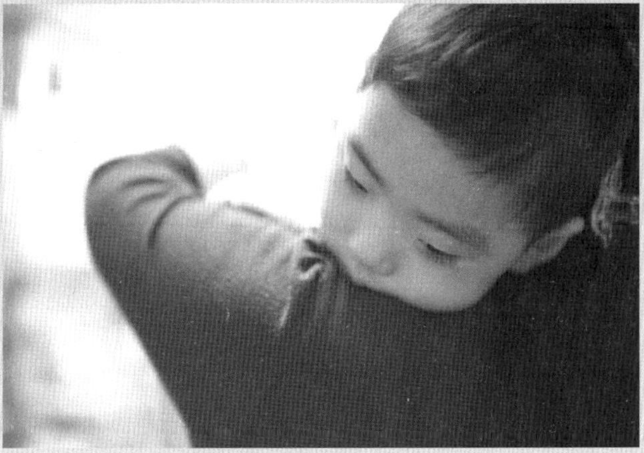

으로 보이기 싫으니까요. 무엇보다 두 아이들을 위해서라도 밝게 살려고 노력하는 편이에요."

행복한 미소 뒤에 감춘 엄마의 눈물. 큰딸 정아는 그런 엄마의 슬픔에 대해 알고 있는 유일한 사람이다. 동생이 태어나면서부터 엄마와 모든 것을 함께했고, 어려울 때마다 엄마를 일으켜 세워준 딸이다. 그러다 보니 정아가 엄마를 생각하는 마음이 남다르다. 심지어 엄마가 걱정되어 학교를 무단이탈한 적도 있다.

"학기 초에 아이가 네 번이나 아무 말 없이 학교를 나와서, 선생님들이 찾고 난리가 났어요. 집에 가야겠다고 하고는 무작정 큰길 쪽으로 가고 있더래요. 지나는 아주머니에게 우리 집에 데려다 달라면서 도움을 청했다더라고요. 집에 가야 한다, 엄마한테 가야 한다고 그러면서요."

엄마 품에서 한창 재롱을 피울 세 살 무렵에 동생이 생겼고, 그 동생이 아파서 하루가 멀다 하고 병원 신세를 지니 정아는 더 이상 끼어들 자리가 없었다. 심지어 정아는 엄마의 보호자 노릇까지 해야 했다. 두 번이나 목숨을 끊으려 했던 엄마를 곁에서 지켜봤던 딸이기에 혹시 자신이 안 보는 사이 엄마에게 무슨 일이 생길까 늘 노심초사한다.

"정아가 제게 '나도 아팠으면 좋겠어. 정우처럼 저렇게 누워 있었으면 좋겠어'라고 말할 때가 있어요. '동생처럼 아프면 엄마의 보호를 받을 수 있겠구나' 싶은가 봐요. 온종일 엄마와 함께 있고 싶은 거죠. 정아가 소외되지 않도록 남편과 제가 노력하지만 정아 입장에서는 부족할 거예요. 요즘 들어 정아 일기와 그림 속에서 정우가 작아지거나 보이지 않아서 걱정이에요. 그런데 막상 제가 어떻게 해줘야 할지 모르겠어요."

그림 그리기를 좋아하는 정아에게 가족은 늘 좋은 그림 소재다. 네 식구가 모여 행복해하는 모습을 그리는 것을 좋아했던 정아. 그런데 어느 날부터 정아의 그림 속에서 정우의 존재가 작아지기 시작했다. 예전에는 가족의 한가운데 그려 넣었던 정우가 지금은 구석에 아주 작게 표현되거나 아예 사라져버렸다. 정아의 일기에서도 마찬가지다. 일기 속에서 정우의 이야기가 사라지고 있다.

"그래도 정아가 정우를 얼마나 사랑하는지 몰라요. 집에 오면 정우를 물고 빨고 난리죠. 정아가 서너 살 때였나 봐요. 갑자기 외할아버지 밉다고 하더라고요. 왜 그런지 물어봤더니 외할아버지가 정우를 버리려고 한다는 거예요. 알고 보니 정우가 있을 만한 시설을 찾아보면 어떨까 하고 어른들끼리 이야기를 했는데, 그걸 듣고 오해를 한 모양이더라고요. 지금도 정아는 외할아버지를 좋아하지 않아요. 이제 여덟 살밖에 안 된 정아가 동생 때문에, 엄마 때문에, 그리고 주변 사람들 때문에 너무 많은 상처를 받아서 마음이 아파요."

남편도 소외되긴 마찬가지다. 정우가 아픈 후로 선희 씨는 남편과 한방에서 잘 수가 없다. 아이가 자다가 경기를 일으키면 벽이나 모서리에 머리를 부딪치거나 바닥에 얼굴을 찧어서 다칠 수 있기 때문에 자는 내내 돌봐야 한다. 잠을 자지 않으면 뭐라도 먹이고 기저귀를 갈아주거나 약을 먹여야 하기 때문에 꼬박 밤을 지새우기 일쑤다.

"남편이 서운하다고 할 때가 있어요. 벌써 수년째 남편은 거실에서 혼자 자고 저는 안방에서 두 아이와 자고 있거든요. 그래도 남편은 따뜻한 사람이에요. 말도 자상하게 해주고 가벼운 신체접촉도 자주

하는 편이에요. 하지만 제가 피해요. 너무 힘들어서 그런지 남편이 곁에 오는 것 자체가 싫을 때가 있거든요. 남편이 섭섭하게 생각할지도 모르지만…… 전 오히려 정아에게 위로를 받는 편이에요. 정아가 건강하게 잘 자라주고 정우가 아프지만 않으면 살 것 같아요. 더 바랄 게 없을 것 같아요."

선희 씨는 얼마 전 직장을 그만두었다. 두 아이를 낳고 돌보면서도 놓지 않았던 일인데 더 이상 할 수 없는 상황이 되었다. 정우는 세 살 때부터 장애인복지관 주간보호센터를 다니며 국비 실비 지원으로 이용할 수 있는 물리치료와 보육서비스를 받아왔다. 선희 씨는 병원에서 처방받은 약을 정우에게 먹이는 것은 물론이고 증상을 완화할 수 있다는 방법은 무엇이든 다 시도했다. 지방, 단백질, 탄수화물의 섭취량을 조절하는 케톤 식이요법이나 애킨스 식이요법 등도 시도해봤지만 별 효과는 없었다.

결국 2012년 8월에는 좌뇌와 우뇌를 연결하는 신경섬유를 잘라내는 뇌량절제수술까지 받았다. 한쪽 뇌에서 일어난 발작이 다른 뇌로 옮겨지지 않도록 하는 수술이다. 이 수술을 하면서 선희 씨는 일을 그만뒀다. 정우도 돌봐야 하지만, 정아에게도 자신이 꼭 필요하다는 생각이 들었다.

일을 그만둔 엄마는 정아와 많은 시간을 보내고 있다. 정우가 주간보호센터에 있는 시간 동안 정아를 기다리며 간식도 준비해주고 정아를 마중 나가기도 하면서 그동안 딸에게 해주지 못했던 엄마의 사랑을 듬뿍 쏟아주고 있다.

"정아는 저와 한 번도 떨어져 있지 않았어요. 학교 가기 전까지 제가 교사로 있는 어린이집에 정우와 정아를 함께 데리고 갔기 때문에 저와 떨어지는 일이 없었죠. 그런데 정우가 장애 판정을 받은 이후, 정아가 초등학교에 입학하면서 분리불안증이 생긴 것 같아요. 저와 갑자기 떨어져 지내게 되니까 적응을 못 하고 심한 불안을 느끼게 된 거죠. 제가 어린이집에서 일을 하다 보니 다른 엄마들처럼 학교에 데리러 가거나 집에서 기다리지 못했거든요."

아빠가 일을 하고 있지만 봉사에 가까운 일인 탓에 정아네 형편은 그리 좋지 않다. 정우 앞으로 나오는 장애인 수당 6만 원이 있지만 정우를 데리고 다니는 교통비에도 미치지 못하는 액수다. 더구나 선희 씨가 어린이 집도 그만두면서 정우의 치료는 복지관에서 받는다고 해도 기저귀나 목욕용 특수의자, 특수 유모차 같은 것은 구입할 엄두를 내지 못한다. 정아가 피아노를 배우고 싶어 하지만 엄마는 딸을 학원에 보낼 여유가 없다. 대신 커다란 달력 종이에 건반을 그려주고 그걸로 연습을 하게 했다. 언젠가는 피아노 학원에 꼭 보내주겠다는 약속을 하고 말이다. 하지만 늘 동생 때문에 많은 것을 포기해야 하는 정아를 보면서  엄마는 가슴이 아프다.

수시로 까부라지는 정우를 토닥거려주는 엄마. 엄마의 손이 정우 머리에 선명히 남아 있는 수술 자국 위에 멈춘다. 고생도 고생이지만 비용도 만만치 않았을 뇌량절제수술. 선택의 여지가 없었다고 하지만 기대만큼의 경과를 보이지 않는 것 같아서 엄마의 마음이 무겁다.

"뇌량절제수술을 한 후에 의미 없는 움직임이 더 많아졌어요. 자신도 모르게 몸이 경직되거나 비틀리는 거죠. 허리가 꺾이기도 하고 몸이 활처럼 휘기도 하는데 그럴 때 안아주면 더 위험해요. 정우나 제가 다칠 수 있거든요. 그런데 잠이 들면 가만히 있어요. 얼음장처럼 차가웠던 손도 따뜻해지고요. 정우가 제일 편한 시간이 이렇게 지쳐서 잠깐씩 잠들 때랍니다."

정우와 정아를 건강하게 키우겠다는 일념으로

엄마는 우울한 생각을 떨치고 웃음을 되찾았다.

몇 번의 위기가 지난 정우네 가족. 비 온 뒤 땅이 굳어지듯 엄마의 마음도 단단해졌다. 남들은 남편이 달라졌기 때문이라고 하지만 사실 달라진 것은 선희 씨 자신이다.

"제가 잊고 있던 것이 있어요. 우리 정우…… 천사였거든요. 아이를 낳았는데 제 눈에는 정말 천사로 보였어요. 그렇게 사랑스럽고 예쁜 아가였는데, 지금도 달라진 게 없는 천사인데…… 정우는 아프기는 해도 저를 힘들게 하지는 않아요. 병원에 가면 사실 더 아프고 더 힘든 아가들도 많아요. 치료 중 세상을 떠나는 아기들도 있고요. 거기에 비하면 우리 정우가 이 정도인 게 감사하고, 또 정아처럼 예쁘고 건강한 딸이 있는 사실도 정말 감사해요.

찾아보면 감사할 일이 많은데 그동안 불행한 일만 세고 있었던 것 같아요. 이제는 그렇게 바보처럼 살지 않으려고요. 우리 정아를 위해서도, 정우를 위해서도, 또 남편을 위해서도, 무엇보다도 저 자신을 위해서도 행복하게 살려고 해요. 늘 감사하면서 살려고 해요."

정우는 엄마가 인터뷰를 하는 중에도 여러 차례 경기를 일으켰다. 엄마는 경기를 하는 아이를 토닥거려주며 귀에다 조그만 소리로 속삭였다.

"정우야 괜찮아. 엄마가 곁에 있잖아. 그래 금방 괜찮아질 거야. 힘들지? 조금만 참아. 곧 좋아질 거야. 사랑해 정우야. 사랑해 정우야. 사랑해 정우야……."

몇 차례의 경기가 지나고 정우는 지쳐 잠들었다. 잠든 아이를 살며시 안아 드는 엄마. 온몸의 뼈와 근육이 수시로 뻗치는 아이를 먹이고 씻기고 키우느라 마흔두 살에 관절염이 왔다. 왼쪽 팔과 어깨는 차라리 떼어버리고 싶을 만큼 극심한 통증에 시달리지만, 정우 앞에서 이런 고통쯤은 문제가 되지 않는다.

"자는 동안이라도 꼭 안고 있으려고 해요. 제 심장 소리를 듣게 해주려고요. 이렇게 제 가슴에 정우 머리를 대주고 있으면 엄마 목소리, 엄마 심장소리, 엄마 체온을 느낄 수 있을 것 같아서 정우가 잠들면 늘 이렇게 안고 있어요. 그때밖에 안아줄 수 없으니까요."

경기 끝에 지쳐 잠든 어린 아들을 안고 있는 엄마의 모습 위로 미켈란젤로의 조각상 피에타가 겹쳐졌다. 십자가 처형으로 피투성이가 된 아들 예수를 무릎 위에 안고 있는 마리아. 아픈 자식의 상처를 쓸어주고 보듬어주는 엄마. 세상에 이보다 아름답고 따뜻한 장면이 있을까.

이보다 감동적인 장면이 있을까. 장애아의 부모로 살아가는 일. 그것은 어쩌면 인간이 행할 수 있는 가장 거룩한 사랑 아닐까. 모자의 아름다운 모습이 오래도록 가슴에서 지워지지 않을 듯하다.

# 하루하루 시작하는

# 기적의 발걸음

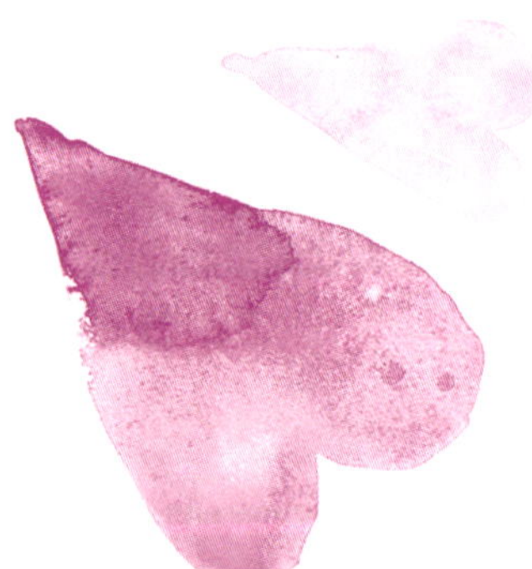

* 뇌병변 장애 동욱이와
엄마 문은희

10년 가까이 병원 생활을 하고 있는 동욱이(16)와 엄마 문은희(52) 씨를 만나기로 한 날. 병원 입구에 들어서자 특유의 냄새가 코를 찌른다. 소독약 냄새, 약품 냄새 그리고 특유의 사람 냄새까지……. 몸이 아파서 잠시 병원 신세를 져야 했던 몇 년 전, 무엇보다도 이 냄새가 싫어서 빨리 퇴원하고 싶었던 기억이 스쳐갔다.

동욱이는 집에서 보낸 시간보다 병원에서 보낸 시간이 더 많다. 초등학교에 입학하기 바로 전인 여덟 살에 사고를 당해 열여섯 살이 된 지금까지도 병원을 벗어나지 못하고 있다. 병원에서 여덟 번의 새해를 맞고 여덟 번의 크리스마스를 보낸 동욱이에게 병원은 세상이 전부와 같다. 하지만 동욱이는 매일 엄마와 함께 집으로 돌아가는 꿈을 꾼다. 열심히 치료받고 두 발로 걸어서 병원 문을 나서는 날을 기다린다. 다른 아이들처럼 학교도 가고 여행도 하며 귀여운 조카와 함께 축구하는 꿈을 꾼다.

"어릴 땐 축구를 좋아해서 밥 먹는 것도 잊어버리고 밖에서 뛰놀던 아이였어요. 밤이 늦도록 친구들과 공을 차고 놀았죠. 그땐 '저렇게 운동해서 축구 선수가 되려나' 생각했죠."

삼남매의 막내로 태어난 동욱이는 밝고 귀여운 아이였다. 누나들과 열 살 넘는 터울로 태어나서 누나 손에 자라다시피 한 아이. 그때는 생활고 때문에 몰랐지만 시간이 지나고 나니 늦둥이 동생 때문에 마음 편히 놀지도 못했던 두 딸들에게 엄마는 고맙고 미안하다. 더구나 동욱이의 사고 이후로는 동욱이를 수발하느라 두 딸들이 어떻게 사는지조차 돌아볼 겨를이 없었다.

"남편은 경제력이 없었어요. 막노동을 나갈 때도 있었지만 술에 취해 있던 적이 많고요. 술에 취하면 폭력을 쓰고…… 솔직히 말하면 지금보다 그때가 더 힘들었어요. 남편이 그렇다 보니 동욱이를 낳고 동욱이의 굳은 팔과 다리를 어루만진다.

엄마의 손길에 깊은 사랑이 담겨 있다.

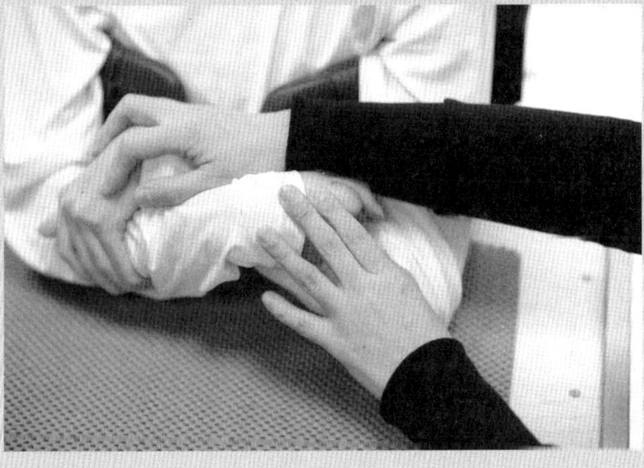

도 제가 일을 나가지 않으면 먹고살기가 어려웠어요. 동욱이를 놀이방에 맡기고 일하러 나가면 딸들이 학교를 마치고 나서 아이를 집에 데려왔어요. 제가 일하는 동안 누나들이 우유 먹이고 기저귀도 갈아 주고 그랬죠. 그때가 한창 사춘기라 친구들하고 놀고 싶었을 텐데 그러지도 못하고 동생을 돌봐야 했으니 얼마나 싫었을까요. 형편만 좋아지면 딸들한테도 잘해줘야지, 마음먹고 있었는데 동욱이한테 사고가 난 거예요. 그 후로는 아예 저와 동욱이가 병원에서 살다시피 했죠. 그러는 동안 두 딸들이 어떻게 살았는지 저도 잘 몰라요. 참 무책임하고 나쁜 엄마였죠."

초등학교 입학을 한 달 앞둔 2003년 2월의 어느 날. 동욱이는 아빠를 따라 집 근처 안목해변 방파제에 놀러 갔다가 사고를 당했다. 아빠와 누나들이 낚시를 하느라 한눈을 판 사이에 3층 높이의 방파제에서 아래의 자갈밭으로 떨어졌다. 언제 떨어졌는지 얼마나 그렇게 쓰러져 있었는지 아무도 몰랐다. 아이가 없어진 사실을 알고 찾아다니다가 발견했을 때는 이미 너무 늦어 있었다. 숨만 간신히 붙어 할딱거리던 아이…… 병원에서는 가망이 없다고 했다.

"그날도 저는 일을 나갔어요. 아이가 다쳤다는 전화를 받고 혼이 나갔었죠. 어떻게 병원까지 갔는지 기억도 안 나요. 병원에 누워 있는 아이를 보니…… 머리가 잔뜩 부어 있고 붕대로 칭칭 감아 놓았는데, 의식도 없고 죽어 있는 상태나 다름없었어요. 동네 병원에서는 수술이 어렵다고 해서 큰 병원으로 이송하는데…… 차 안에서 구급대원이 계속 산소 호흡을 해도 어느 순간 숨을 거두는 게 보이더라고요. 하나님께 기도했어요. 살려만 달라고요. 아무것도 모르는 식물인간이 돼도 좋으니 데려가지만 말아달라고요."

엄마의 간절한 기도 덕분이었을까. 동욱이는 생명의 끈을 놓지 않았다. 대신 영영 깨어나지 못할 것 같은 긴 무의식 상태에 빠졌다. 그렇게 6개월의 시간이 흐르고 어느 날, 기적과도 같은 일이 한 번 더 일어났다. 동욱이가 눈을 뜬 것이다.

"깨어나긴 했지만 아무것도 못 했어요. 누워서 코로 밥을 먹고, 대소변은 제가 받아냈죠. 하루도 노심초사하지 않은 날이 없었어요. 수시로 열이 오르고 합병증이란 합병증은 다 오고……. 더군다나 장기입원 환자라 한 병원에 오래 있지 못하다 보니 동욱이를 데리고 이 병원 저 병원 옮겨 다니는 일도 힘들었어요. 병원에서 잘 안 받아주니까 아이를 데리고 다니면서도 많이 울었죠.

식물인간이나 다름없었어요. 신체의 모든 기능이 사라졌으니까요. 동욱이가 입으로 밥을 먹으려면 2~3년 넘게 걸려야 한다고 의사들이 말했는데, 제가 몰래 연습시켰어요. 의사 선생님들 아시면 큰일 날 일이었죠. 그래도 미음부터 시작해서 목으로 조금씩 넘기는 연습을 시켰더니 예상보다 빨리 입으로 먹을 수 있게 됐어요. 입으로 밥을 먹기 시작하면서부터는 정말 빠르게 좋아졌어요. 감각도 좋아지고 부쩍부쩍 자라더라고요. 희망이 보였어요. 좋아질 수 있다는 희망이 보이니 힘든 것도 모르겠더라고요. 지금도 마찬가지예요. 매일매일 아이가 좋아지는 것 같으니 하루하루 감사하면서 살게 돼요."

사고 전까지 씩씩하게 뛰어놀던 동욱이. 그러나 사고 후 뇌 손상으로 인해 손가락 하나 움직이지 못하는 뇌병변 1급 장애에 한쪽 눈의 시력마저 잃어 시각 장애까지 얻게 되었다. 그때부터 시작된 엄마와 동욱이의 병원 생활은 올해로 10년째다. 이런 갑갑한 생활이 지긋지긋할 만도 하지만 희망을 계속 품고 있기에 치료를 게을리할 수가 없었다.

아이를 살리기 위해 매일매일 전투를 치르듯 살아온 엄마. 하지만 은희 씨가 전쟁 같은 삶을 사는 동안 두 딸에게 엄마의 자리는 늘 비어 있었다. 딸들은 엄마가 동욱이에게 모든 관심을 쏟는 동안 누구의 도움도 없이 스스로 삶을 책임져야 했다. 고작 중학생이었던 두 딸들이 지기에는 너무나 버거웠을 삶의 무게를 생각하면 은희 씨는 지금도 가슴이 아프다.

"딸들에게는 너무 미안해요. 동욱이 수발에 매달리다 보니 딸들이 어떻게 사는지 신경 쓸 수가 없었어요. 어쩌다 한 번씩 집에 가면 쌀이 떨어져 있더라고요. 그래도 저는 어떻게 해줄 수가 없었어요. 굶기도 많이 굶었을 거예요. 편의점이나 패스트푸드점 아르바이트를 하면서 라면만 먹고 학교에 다녔으니…… 딸들 고생이야말로 설명할 수 없을 정도죠. 그런 환경에서도 나쁜 길로 빠지지 않고 착하게 자라준 딸들이 참 고맙고도 미안해요. 지금도 그때 생각 때문인지 뭐만 있으면 많이 먹으라고 해요. 딸들을 하도 굶겨서 많이 먹으라는 말이 입에 붙었어요."

착하게 자란 두 딸. 집에 쌀이 떨어지고 라면조차 살 돈이 없어 주린 배를 끌어안고 잠을 청할지라도 엄마에게는 '쌀 떨어졌다' '배고프다' 소리를 하지 않았다. 속 깊은 딸들은 엄마도 모르는 사이에 훌쩍 자라서 자기 몫을 하는 어른이 됐다.

"큰딸은 일찍 결혼을 해서 아이가 벌써 일곱 살이고요. 작은딸도 내년에 결혼해요. 저 같은 엄마도 없을 거예요. 딸이 어떻게 학교에 다녔는지, 굶지는 않았는지, 학비는 어떻게 해결했는지, 결혼은 어떻게 했는지 아무것도 모르는 엄마거든요. 불만을 가질 법도 한데 전혀 그러지 않았어요. 엄마는 동생 병 수발만으로도 충분히 힘들다고 생각하는 모양인데, 그게 엄마로서는 더 미안하죠."

힘들게 의식을 되찾고 나서 한동안 순조롭게 자라던 동욱이에게 3년 전, 위기가 찾아왔다. 갑자기 키가 자라면서 척추 측만증이 온 것이다. 성장이 빨랐던 동욱이의 몸을 척추가 당해내지 못해 휘고 말았다. 휘어진 척추로 인해 장기 손상이 우려되는 상황. 의사는 척추에 철심을 박아 교정하지 않으면 장기 손상으로 목숨이 위험해질 수 있다고 경고했다. 우려가 현실이 될 만큼 측만이 진행된 상태였다.

"너무 약해서 자라지 않는 줄 알았는데 신발을 맞출 때 보니 많이 자랐더라고요. 몇 개월 만에 아이가 쑥 자란 거예요. 동욱이처럼 장애가 있는 아이들은 자라는 것도 무서워요. 뼈에 이상이 올 수 있거든요. 동욱이도 결국 척추교정 수술을 받았어요. 그때가 동욱이 사고 난 뒤 가장 힘들던 때였어요.

척추 수술은 머리 수술보다 몇 배는 더 힘들고 무서웠어요. 수술을 마치고 병실로 올라왔는데 아이 몸에 링거가 열 몇 개씩 달려 있고, 수술을 한 자리에서는 여전히 피가 흐르고…… 아이는 아파서 우는데 5분 간격으로 자세를 바꿔줘야 하니 동욱이나 저나 울면서 하루하루를 지냈죠. 동욱이가 너무 고통스러워 할 때는 괜히 수술을 시켰나 후회도 했지만 지금은 잘했다는 생각이 들어요. 재활치료를 하면서 동욱이 혼자 똑바로 서게 됐고, 이제는 한 발자국씩 걸음도 떼거든요."

누워서 눈도 못 뜨던 아이가 일어나 앉고 휠체어를 타고 한 발자국씩 걸음을 떼게 되기까지 은희 씨는 얼마나 많은 노력을 했을까. 주변에서는 엄마의 노력이 없었다면 모든 일이 불가능했을 것이라고 말하지만 엄마는 다른 곳에 고마움을 돌린다.

"병원에 있다 보면 우리보다 어려운 사람들을 정말 많이 보게 돼요. 동욱이가 잘 견뎌주는 것만으로도 얼마나 고마운지 몰라요. 저야 엄마니까 당연하지만, 치료해주시는 의사 선생님이나 간호사 선생님,

도움을 주시는 사회복지사 선생님들…… 다들 정말 고마워요. 동욱이랑 매일 이야기해요. 욕심부리지 말고 늘 감사하면서 살자고요."

그러나 감사한 중에도 생활의 어려움을 느낄 때가 한두 번이 아니다. 벌써 10년째 아무 일도 하지 못하고 동욱이 병 수발에만 매달리다 보니 경제적 어려움이 늘 따라다닌다.

"강릉에 살다가 동욱이 치료 때문에 서울로 이사 왔어요. 보증금 500만 원, 월세 35만 원짜리 반지하 방을 중곡동에 얻어 살고 있는데, 집 꼴이야 뭐 말도 못하죠. 겨울에는 20만 원씩 난방비가 들지만 그걸로도 어림없어서 그냥 병원에서 지내요. 오래된 집인데다가 난방을 하지 못해서 그런지 벽에서 물이 줄줄 흘러서 곰팡이가 피고, 여름에는 덥고 겨울에는 춥고 사시사철 습하고…….

그런데 그런 집이라도 병원보다 좋은지 동욱이는 늘 집에 가자고 해요. 치료 없는 날 한 번 데리고 갔는데 동욱이는 좋아하지만 저는 힘들더라고요. 동욱이 몸무게가 아무리 미달이라고 해도 30킬로그램이거든요. 아이를 안고 계단을 오르내리고 문턱을 넘는 게 힘에 부치더라고요."

동욱이네 한 달 수입은 60만 원. 동욱이 앞으로 나오는 장애인 수당 20만 원과 생활보조금 40만 원이 수입의 전부다. 기초생활수급자라 병원비는 들지 않는다고 하지만 매달 나오는 월세를 내고 나면 기저귀 값 대기도 빠듯한 형편이다. 한창 자라는 동욱이를 위해 양질의 단백질 음식을 해 먹이고 싶지만 지금 형편으로는 어렵없다.

"어른들도 병원 밥 며칠 먹으면 못 먹겠다고 하는데 동욱이는 10년을 먹었으니 얼마나 지겹겠어요. 다른 환자들은 집에서 반찬도 해 오고 사골국도 끓여 오지만 제가 집에서 가져오는 건 콩자반, 멸치, 김이 전부랍니다. 지난해에는 주변에서 김치를 담가다 주셔서 동욱이랑 저랑 잘 먹었죠. 그래도 병원 반찬보다는 집에서 해오는 반찬을 좋아하는데 이것저것 입에 맞는 반찬을 해주지 못하는 게 늘 안타까워요. 우유도 먹이고 싶고 고기랑 생선도 많이 먹이고 싶은데 여건이 안 되네요."

잘 먹지 못하는 것이 어디 동욱이뿐이랴. 엄마는 보잘것없는 식사도 편히 앉아서 먹을 여유가 없어 끼니를 거르는 일이 다반사다.

"오전 8시 30분에 치료를 받으러 가려면 오전 6시에 일어나 준비를

동욱이는 꿈꾼다.

조카와 눈싸움도 하고 축구도 하는

씩씩하고 멋진 삼촌이 될 수 있기를.

시켜야 해요. 아이 대소변 처리해주고 씻기고 먹이고 하다 보면 어느새 치료받으러 갈 시간이죠. 그 시간을 지키지 못하면 한참을 기다려야 하고, 또 한 번이라도 더 치료를 받으려면 일찍 준비하는 게 좋거든요. 하루에 치료가 몇 번 있는 경우도 있는데 그럴 때는 낮 12시가 넘어서야 겨우 밥을 먹죠. 저뿐 아니에요. 병원에 있는 보호자들 대부분이 때맞춰 밥을 먹기 어려워요."

10년째 계속되는 불편한 잠자리와 부실한 먹거리, 자신을 돌보지 않는 삶. 주변에서는 동욱이를 위해서라도 엄마 건강을 먼저 챙기라고 조언하지만, 이미 늦었는지 쉰이 넘으면서부터 몸에서 자꾸 비상 신호를 보내는 것 같아 불안하기만 하다.

"몇 년 전까지만 해도 동욱이를 번쩍번쩍 안았지만 이제는 못해요. 매일 목욕시키고 깔끔하게 관리하니까 욕창도 없고 냄새도 안 나고 깨끗했죠. 하지만 지금은 힘이 달려서 매일 목욕하는 건 엄두도 못 내요. 요즘에는 저도 제 몸을 챙기려고 해요. 시간이 나면 병원에서 조금씩 운동도 하고요. 우리 동욱이를 위해서라도 건강해야 하니까요. 그렇지, 동욱아? 엄마랑 동욱이랑 건강하게 살아야지?"

"예에." 어눌하지만 분명하게 대답하는 동욱이. 말문을 연 지 얼마 되지 않아서 할 수 있는 말은 거의 없지만 엄마는 희망을 갖는다. 아이의 신체 기능이 하루하루 놀랍도록 좋아지는 게 느껴지기 때문이다. 동욱이는 은희 씨에게 기쁨이다. 그녀가 열심히 살 수 있도록 동욱이가 늘 힘을 준다. 은희 씨는 매일 아침마다 '오늘은 또 어떤 변화가 있을까' 기대하면서 눈을 뜬다고 한다. 지금은 말 한마디, 걸음 한 발자국 수준이지만 열심히 치료하다 보면 동욱이가 예전처럼 건강해져서 제 발로 병원을 나갈 수 있으리라는 희망을 놓지 않고 있다. 엄마는 지금까지 잘 견뎌준 동욱이에게도 고맙고, 엄마 손 없이 잘 커준 딸들에게도 고맙다.

대화를 나누다 보니 병실로 저녁식사가 들어온다. 음식을 잘게 잘라 먹일 가위, 물, 휴지, 집에서 만들어온 반찬 등 식사를 준비하는 엄마 손이 바쁘게 움직인다.

"동욱아, 배고프지? 밥 먹자. 오늘 반찬은 뭘까? 비짓국하고 나물하고 또…… 동욱이 좋아하는 반찬이 없네? 그냥 김이랑 엄마가 만들어온 멸치하고 먹자. 착한 동욱이 밥도 잘 먹어요. 많이 먹어야 쑥쑥 크고 뼈도 건강해지지. 그렇지? 동욱아?"

동욱이는 밥투정도 하지 않고 엄마가 떠 넣어주는 밥을 잘 받아먹는다. 밥 한 숟가락을 반찬과 함께 씹어 삼키는 데도 적지 않은 시간이 필요한 동욱이. 마치 소가 여물을 먹듯 천천히 입에서 녹이다시피 해서 삼켜야 하는 아이를 이렇게 한 수저 한 수저 먹이며 키워놨으니 '대단한 엄마'라는 호칭을 붙여도 부족함이 없을 듯하다.

"우리 동욱이가 집에서 통원 치료를 할 수 있을 정도로만 회복돼도 좋겠어요. 10년을 병원에서 보냈더니 이젠 병원 생활도 진력나요. 동욱이랑 둘이 살 수 있는 작은 임대아파트라도 허락되면 좋겠지만, 지금 살고 있는 반지하 방이라도 병원보다는 좋으니 나갈 수 있는 만큼만이라도 회복되길 바라는 거예요. 동욱아, 집에 가고 싶지? 눈 오면 조카하고 눈싸움도 하고 싶다고 했잖아. 그러려면 밥 잘 먹어야 해. 재활치료도 열심히 받아야 하고. 그럴 거지?"

"예에." 하지만 동욱이의 재활치료는 그리 쉬운 일이 아니다. 수술 후 뼈가 굳고 근육이 풀려서 운동 능력이 생기려면 한동안은 관절을 반대로 꺾는 훈련을 해야 한다. 동욱이가 아파서 울며 비명을 지르면 엄마도 동욱이를 안고 울면서 훈련했다. 그런 노력으로 지금은 굳어진 몸이 어느 정도 펴지고 땅을 짚지 못했던 다리에도 힘이 생겼다.

"깨어 있을 땐 자꾸 움직여서 괜찮은데, 잠이 들면 손과 팔다리가 자꾸 오그라들어서 보장구를 착용해야 해요. 이걸 끼우고 자면 불편해서 잘 수 없으니까 잠이 들면 제가 살며시 끼워주죠. 그래도 얼마나 힘들겠어요. 몸을 플라스틱 틀에 고정해서 묶어놓았으니 말예요. 지금도 자꾸 팔이 꼬여서 수시로 풀어줘야 해요. 그래도 병원에서는 이만큼이라도 좋아진 게 기적이라고 해요. 우리 동욱이가 다행히 수술 후유증도 없고 밥도 잘 먹고 소화도 잘 시키는 편이라서 회복이 빠른 거래요."

언제나 희망을 이야기하는 은희 씨. 그러나 마음 한구석에 자리 잡은 불안을 부정할 수는 없다. 자신이 언제까지 동욱이 곁을 지키며 돌볼 수 있을지 알 수 없다. 엄마 나이 52세. 병원 생활 10년 만에 늘어난 것은 빚과 흰머리 그리고 주름살이다. 더구나 갱년기를 맞은 엄마는 하루가 다르게 쇠약해지는 몸을 느낀다.

"누나들이 많이 챙겨주죠. 동욱이 간식도 사주고 장난감도 사주고

동욱이가 먹고 말하고 서고 걷는 일 모두

엄마의 믿음과 사랑이 있어 가능했다.

옷도 사주고…… 나중에는 자기들이 책임진다고 하지만 누나들에게 동욱이를 맡기고 싶지는 않아요. 엄마로서 딸들에게 해준 것도 없는데 어떻게 아픈 동생까지 돌보라고 하겠어요. 제가 살아 있는 동안은 제가 책임져야죠. 아직은 시설에 보낼 생각이 없어요. 몇 년 전에 동욱이 치료 때문에 어느 시설에 다녀왔는데…… 저는…… 못 보내겠더라고요. 물론 시설에서도 열심히 해주지만 엄마보다는 못 하니까요. 내일을 생각하면 가슴이 답답해요. 대책이 없으니까요. 그저 동욱이랑 집에서 생활하며 하루만이라도 편히 자고 편히 밥 먹는 게 소원이에요."

집에 간다는 말을 알아들었는지 동욱이가 입을 크게 벌리고 웃는다. 말을 할 수 없지만 무척이나 집에 가고 싶다는 동욱이 식의 표현이다. 초등학교를 들어갈 나이에 병원에 들어와 이제 고등학교에 들어갈 나이가 되었으니 병원의 소독약 냄새와 의사들의 흰 가운이 지겨울 만도 하다.

엄마와 동욱이가 병원에 있는 사이, 누나는 결혼을 하고 조카를 낳아서 동욱이가 외삼촌이 되었다. 엄마는 이제 막 걸음마를 시작한 손자처럼 아들 동욱이도 열심히 걸음마 연습을 해서 이번 겨울에는 어린 조카들과 눈싸움도 하고 축구도 하면서 놀 수 있기를 바란다. 엄마의 소망처럼, 누나들의 바람처럼, 또 많은 사람들의 기대처럼 동욱이가 누구보다도 멋지고 씩씩한 삼촌이자 동생, 아들이 되길 바란다.

# 사랑을 가르쳐줘서 고마워

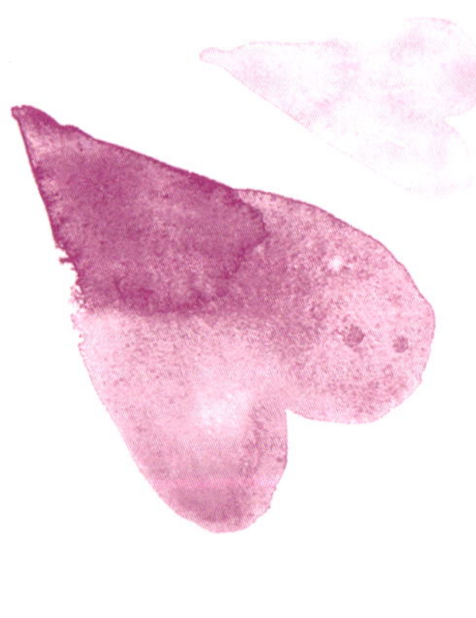

* 무뇌수두증 찬송이와
부모 이상일 · 강희숙

자동차 한 대 주차시키기 힘든 복잡한 골목의 상가건물 지하에 위치한 작은 교회. 찬송이(10)의 아버지 이상일(61) 씨가 목사로 있는 교회다. 계단을 두 번 돌아 지하로 내려가니 기다란 예배용 의자가 놓인 예배당이 나온다. 지하실 특유의 눅눅한 공기와 곰팡이 냄새가 밀려온다.

"누추하지만 들어오세요. 여기가 저희 교회고, 집이고 그렇습니다. 예전에는 20~30명 예배를 드렸는데 지금은 신도가 많이 줄어서 할머니 대여섯 분이 전부예요. 여름에는 덥고 겨울에는 춥지만 그래도 찾아주시는 분들이 있어서 교회 문을 닫을 수 없네요."

찬송이 엄마 강희숙(58) 씨는 인터뷰를 위해 찾아온 손님들을 예배실 뒤편에 꾸며진 작은 방으로 안내했다. 방 안에는 석고처럼 흰 얼굴을 한 여자아이가 자는 듯 누워 있다. 천장에 매달린 영양식 주입용 링거병과 머리맡에 놓인 가래배출용 석션기를 보니 누워 있는 아이의 상태를 짐작할 만하다. 입으로 음식물을 삼키지도 못하며 스스로 가래를 뱉어낼 수도 없는 중증의 환아인 것이다.

아이의 이름은 이찬송. 올해 나이 열 살이다. 찬송이는 강희숙 씨 부부가 10여 년 전 데려온 입양아다.

"2003년 초 지인의 전화를 받았어요. 장애가 있는 아이가 태어났는데 부모가 서로 책임을 미루면서 키우지 않겠다고 하는 바람에 버려지게 생겼다고요. 혹시 입양기관 같은 곳을 알면 소개해달라고 하는데, 그 전화에 왜 그렇게 가슴이 미어지고 눈물이 쏟아졌는지…….
전화를 끊고 한참을 혼자 울었어요."

10년 전 그날, 희숙 씨는 전화 너머로 갓 태어난 아기의 이야기를 들었다. 1.7킬로그램 미숙아로 태어난 여자 아기, 머리가 비정상적으로 큰 아기. 극심한 불화로 별거 중이었던 친부모에게는 이미 세 자녀가 있었고, 7개월이 될 때까지 임신 사실조차 몰랐던 친모는 출산 전날까지도 술에 취해 있었다.

아기가 태어났지만 친부는 자신의 아이로 인정하지 않았다. 유전자 검사를 통해 친자식임을 확인했지만, 출생신고를 하고 아기 이름을 자신의 호적에 올리는 것조차 거부했다. 장애아라는 이유에서였다. 친모 역시 아이를 품지 못했다. 제 한 몸도 챙기기 어려운 상황에서 장애를 가진 아이를 키울 엄두를 내지 못했던 것이다.

태어나자마자 버려질 운명에 놓인 가여운 아기와 희숙 씨는 어떤 운명의 끈이 이어졌던 것일까. 아기는 전화 한 통으로 희숙 씨의 가슴에 들어와버렸다. 마치 자신이 낳은 아기인양 아프고 또 아파서, 가엽고 애처로워서 데려오지 않고는 견딜 수가 없었다.

"아이가 마음에 걸려서 아무 일도 손에 잡히지 않았어요. 밥을 먹어도, 잠을 자도, 아이 생각이 머리에서 떠나지 않는 거예요. 그때 제 나이 마흔여덟. 젊지도 않은 나이에 남편은 사업에 실패했고, 오갈 데가 없어서 철거를 앞둔 청계천 삼일아파트에 들어가 살 때였어요. 삼일아파트에 비하면 지금 이 지하 방은 천국이죠. 그때는 아이를 데려다 키울 만한 환경도 형편도 아니었어요."

청계천 재개발이 시작될 즈음이라 30년 넘게 도시 빈민들의 보금자리가 됐던 삼일아파트 역시 재개발 수순을 밟고 있었다. 이미 많은 세대가 집을 비운 상태였지만 보상에 합의하지 않은 주민 몇몇과 갈 곳이 없는 노숙인, 외지인 들이 들어와 빈집을 임시거처로 삼고 있던 시기다. 가세가 형편없이 기울어진 희숙 씨의 가족도 강제 철거반이 언제 들이닥칠지 모르는 삼일아파트에 흘러들어 왔다.

"그땐 내가 낳은 두 아이도 거두지 못했어요. 환경이 그러하니 각자 이곳저곳 나가 지내고, 남편과 저만 그 집에서 생활했죠. 그런 상황에서 전화를 받고 고민하다가 남편에게 이야기했더니 남편도 우리가 데려다가 키우자고 하는 거예요. 자기들이 열심히 도울 테니 데려오자고 애들도 거들고요. 언제 거리에 나앉을지 모르는 형편에 말이에요. 참 대책 없는 가족이죠?"

2월 21일에 태어난 아기는 한 달간 인큐베이터에 있었고, 퇴원한 지 열흘 만에 희숙 씨의 딸이 됐다. 아기에게 이찬송이라는 예쁜 이름도 지어줬다. 병원에서는 3개월 이상 살기 힘든 아기를 왜 데려가냐며 말 가슴으로 찬송이를 품은 엄마와 아빠.

어린 딸을 통해 새로운 사랑에 눈을 떴다.

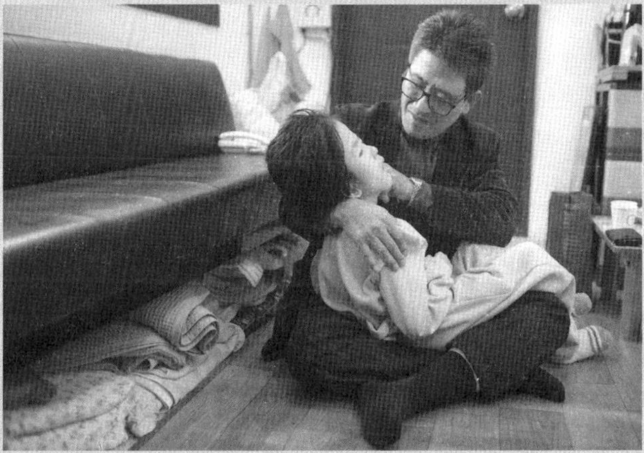

렸지만 그런 소리는 희숙 씨 귀에 들어오지 않았다. 무조건 빨리 데려와야겠다는 생각밖에 없었다. 그런데 막상 데려오려니 그것도 쉽지 않았다. 친부모가 아이 출생신고를 하지 않아서 입양 절차를 밟을 수 없었다. 결국 친부모와 협의 끝에 희숙 씨 부부 호적에 친자로 올릴 수 있었다. 희숙 씨는 이렇게 해서 나이 마흔여덟 살에 늦둥이 딸을 얻었다.

"솔직히 걱정도 됐죠. 제 나이도 있고 우리 집 형편도 좋지 않고…… 더구나 아픈 아이잖아요. 그런데 남편도 애들도 하루빨리 데려오자고 성화였어요. 그래서 제가 그랬죠. 우리가 생각하는 예쁜 아기가 아니라고요. 머리만 크고 영화에 나오는 이티(E.T.) 같은 외모에 콧줄로 우유를 먹는 아기라고요."

찬송이는 선천성 무뇌수두증이라는 희소질환을 갖고 태어났다. 5만 명 중 한 명꼴로 발생하는 무뇌수두증은 대뇌 자리에 뇌척수액이 가득 차는 질병이다. 흡수되지 못한 척수액 때문에 머리 둘레가 비정상적으로 커지는 특징이 있다. 찬송이는 머리에 찬 물을 빼는 기관 삽입 수술도 하지 못했다. 수술을 이겨낼 정도의 건강이 아니었다.

"아이를 데려왔는데 머리가 풍선처럼 부풀어 있고 팔다리는 새처럼 앙상한 게 말 그대로 외계인 같더라고요. 생후 한 달인데 머리 크기가 50.5센티미터였어요. 보통 아기보다 두세 배는 컸죠. 그런데 척수액이 고이면서 머리가 자꾸 커지니 얼마나 아팠겠어요. 그러니 아이가 24시간 울기만 해댔어요."

아기는 먹지도 자지도 못했다. 주사기로 콧줄에 분유 30밀리미터를 흘려 넣고 나면 몇 배나 더 많은 것을 토해내기 일쑤고, 매일 조금씩 부풀어 오르는 머리로 인한 통증 때문에 한숨도 못 자고 울기만 했다.

"찬송이가 온 뒤에 정릉 임대아파트로 이사를 갔는데, 거기서 얼마 살지 못하고 삼일아파트로 돌아왔어요. 아이가 밤새도록 우니까 동네 사람들이 항의하고 경찰에 민원을 넣기도 했어요. 결국 저랑 찬송이만 다시 삼일아파트로 왔죠. 다 무너져가는 아파트라도 남의 눈치 볼 필요가 없으니 천국이더라고요."

찬송이는 네 살이 되어서야 울음을 그쳤다. 갈라진 두개골 사이로 손가락이 들어갈 만큼 물이 차올라서 응급실로 달려간 그날, 엄마는 '이제 아이를 보내는구나' 싶었다. 하지만 찬송이가 기적처럼 일어날 것을 기대하며 기도하고 또 기도했다. 엄마의 간절한 마음 때문이었을까. 척수액을 빼내는 수술을 받고 4박 5일 동안 사경을 헤매던 찬송이가 기적처럼 회복되기 시작했다.

이때부터 찬송이는 더 이상 울지 않는다. 기적처럼 머리가 더 이상 커지지도 않았다. 오히려 조금씩 줄어들었다. 하지만 이후로는 대소변을 스스로 가리지 못하게 됐다. 가족들이 아이의 상태를 세심하게 살펴서 관장을 하거나 소변 줄을 끼워줘야 한다. 대소변을 가려주는 일보다 힘든 것은 먹이는 일이었다. 씹고 삼키는 기능이 좋지 않아서 토하기 일쑤고, 자칫 기도로 음식물이 흘러 들어가면 질식사할 위험도 있다. 의사들은 급식관 삽입을 권했지만 엄마는 가능하면 입으로 먹이고 싶었다. 입으로 음식을 받아먹을 때의 느낌, 맛, 즐거움을 찬송이가 알기를 원했고, 그러다 보면 건강도 빨리 되찾을 수 있을 것 같았다.

희숙 씨가 그렇게 애를 썼지만 찬송이는 열 살이 됐을 무렵 위장에 급식관을 연결하는 수술을 받았다. 입으로 음식을 섭취할 경우 폐렴이 재발해서 사망할 수도 있다는 진단을 받았기 때문이다.

"음식만큼은 입으로 먹게 하고 싶었어요. 그런데 폐렴 때문에 입원하고 검사를 해보니 입으로 섭취한 음식물들이 폐로 조금씩 들어가는 게 보였나 봐요. 위에 급식관을 연결하는 수술을 해야 살 수 있다고 하시더라고요. 가시처럼 말라 뼈만 남은 아이의 배를 뚫어 수술을 한다니 하늘이 캄캄해졌죠. 개복 수술이 쉽지만 찬송이가 통증을 견디지 못할 것이라며 의사는 복강경으로 수술을 하겠다고 했어요.
수술 날도 정말 많이 울었어요. 처음에는 복강경으로 하면 금방 끝날 거라고 했는데 세 시간, 네 시간이 지나도 수술실에서 나오질 않는 거예요. 나중에 들어보니 복강경을 진행하다가 휘어진 척추 때문에 개복 수술로 바꿨다고 하더라고요. 긴 시간 동안 얼마나 아프고 힘들었을까, 그냥 둘 걸 공연히 수술해서 더 아프게 하진 않았나, 생각하면서 남편과 둘이 찬송이를 붙잡고 얼마나 울었는지 몰라요."

다행히도 찬송이는 수술 후 잘 회복되어 집으로 돌아올 수 있었다. 가족들은 찬송이를 위해 예배당 뒤쪽에 벽을 세우고 전기온돌 패널을 깔아서 방을 꾸몄다. 이 방에서 찬송이는 엄마와 함께 잔다. 아니 잠을 잔다기보다는 함께 밤을 지새운다고 하는 게 맞는 표현이다. 대소변을 가려주고 가래를 빼주고 소독을 해주고 시간 맞춰 영양식을 튜브에 연결해주고 약을 먹이고 욕창 방지를 위해 이리저리 자세를 바꿔주다 보면 어느새 새벽이 밝아온다.

"남편은 여기서 못 자요. 찬송이가 한숨도 못 자고 뒤척이니까 아빠도 같이 밤을 새워야 하는데, 그러면 낮에 일을 못하잖아요. 그래서 저쪽 목양실(목사 사무실)에서 자고 있어요. 어찌 보면, 찬송이가 우리 집에 온 이후로 하루도 편한 잠을 자본 적이 없는 것 같네요. 이대로 입고 지내다가 이대로 자고 그대로 일어나는 거죠. 아이만 생각하다 보니 내 몸 돌볼 겨를은 없어요."

가슴으로 낳은 늦둥이 딸을 세상 어느 누구보다도 애지중지 키워온 엄마와 아빠. 찬송이를 키우면서 진정한 '부모의 사랑'이 무엇인지 알게 됐다고 말한다. 엄마는 지난날 두 아이들에게 지나치게 엄격한 부모 노릇을 했던 일이 뒤늦게 미안하다.

"찬송이 언니랑 오빠를 키울 때는 애들이 저를 '마귀할멈' '계모'라고 불렀어요. 남에게 폐 끼치지 않는 아이, 제 할 일은 똑 부러지게 해내는 아이로 키우겠다는 생각에 무척이나 엄격하게 대했죠. 아빠도 일하느라 아이들이 어떻게 컸는지도 몰라요. 아마 서너 번 안아준 게 전부일 거예요. 하지만 찬송이를 키우면서 부모 사랑을 다시

앙상한 손을 어루만지는 손길.

찬송이는 뒤늦게 찾아온 천사와 같다.

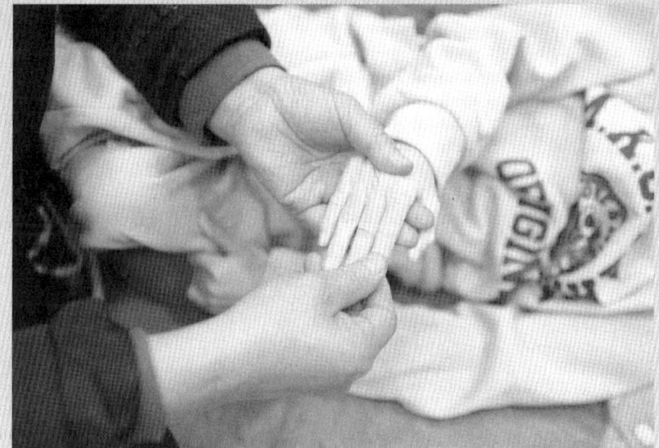

배웠죠. 찬송이가 저희에게 부모가 무엇인지, 사랑이 어떤 건지를 다시 가르쳐줬어요."

힘들긴 했지만 지난 10년 동안 찬송이를 키우며 얼마나 많은 기쁨과 행복, 보람을 느껴왔는지 모른다. 3개월밖에 살지 못할 거라던 아이를 열 살이 되도록 키우면서 매일 기적과 같은 일상을 살았다고 해도 과언이 아니다.

장애가 심해서 찬송이가 아무것도 모른다고 생각할 수 있지만, 그렇지 않다고 희숙 씨는 말한다. 엄마는 찬송이가 무엇을 좋아하고 무엇을 싫어하며 또 무엇을 걱정하는지를 다 알 수 있다. 말은 하지 못하지만 엄마와 찬송이 사이에는 말보다 더 잘 통하는 느낌이 있다.

"거짓말 아니에요. 찬송이는 싫고 좋은 표현이 분명해요. 아무것도 모를 거라고 생각하고 함부로 대하면 큰일 나요. 찬송이는 다 알고 있거든요. 지금도 다 듣고 있어요. 다만 말을 못 할 뿐이죠. 그렇지, 찬송아?"

엄마 말을 알아들었다는 듯 미소 짓는 찬송이. 그래서 엄마와 아빠는 찬송이에게 더 많은 기대를 하게 된다. 엄마가 애쓰고 노력하는 만큼 조금씩 좋아지고 있으니 언젠가는 지금보다 훨씬 더 건강해질 것이라는 희망을 갖는다.

하지만 문제는 엄마의 건강이다. 2~3년 전부터 엄마의 건강에 이상이 오기 시작해서 지금은 아프지 않은 곳이 없을 정도로 몸이 망가져버렸다. 찬송이를 돌보느라 엄마는 자신의 건강을 챙길 여유가 없었다.

"찬송이 어릴 적에는 일산까지 대중교통을 타고 치료를 받으러 다녔어요. 정말 제 가슴에 넣고 키웠죠. 젊을 때는 밤낮으로 찬송이를 돌보면서도 집안일이고 뭐고 다 해도 힘든 걸 몰랐는데 몇 년 전부터는 한 번 누우면 일어나질 못하겠더라고요. 손가락 하나 까딱할 수 없이 몸이 천근만근에 뼈마디가 다 아프고…….

밤에도 몇 번씩 일어나서 기저귀 봐주고 물도 줘야 하는데, 잠이 들면 거의 기절한 것처럼 몸이 말을 듣지 않아요. 남편도 도와주긴 하지만 곧 환갑인데 언제까지 할 수 있을까요. 찬송이는 아직 어린데 우린 자꾸 늙어가고 병까지 들고…… 그래서 걱정이에요."

희숙 씨는 건강검진 결과 당뇨와 혈압이 있고 심장에 문제가 있다는

말은커녕 제 몸도 가누지 못하는 아이지만

엄마는 얼굴만 봐도 그 마음을 알 수 있다.

소견을 받았다. 찬송이를 돌보려면 무엇보다 건강이 먼저인데 몸이 전 같지 않다 보니 희숙 씨의 걱정이 부쩍 늘었다. 주변에서는 힘든 상황에서 무조건 데리고 있는 게 최선은 아니니 시설에 보내는 방법을 생각해보라고 권하지만, 부부는 '시설'이라는 말만 들어도 가슴이 미어지고 눈물부터 난다.

"남편과 심각하게 상의해봤어요. 어쩌면 우리 욕심 때문에 찬송이를 고생시키는 게 아닌가 싶어서요. 햇볕 한 줌 들어오지 않고 공기도 안 좋은 지하에서 살게 하면서 뭐 특별히 잘 해주는 것도 없고…… 그저 먹이고 씻기고 입히고 그게 다죠. 제가 재활치료를 해주거나 뭘 가르쳐줄 수도 없고요. 그래서 찬송이에게 가끔 미안해요. 젊고 건강한 부모나 잘사는 부모를 만났더라면 더 행복했을 텐데, 더 오랫동안 찬송이를 지켜줄 수 있을 텐데…… 나이 많고 가난한 부모를 만나서 너무 안됐다는 생각이 들기도 하죠."

개척교회를 이끌어가며 어렵게 목회를 하고 있는 찬송이 아빠도 앞날이 걱정되기는 마찬가지다. 지금까지 작은 교회 목사의 얼마 되지 않는 월급으로 살아왔는데 이제는 신도가 줄어서 더 이상 교회를 유지할 수 없는 상태가 되어버렸다.

"신도가 열 명도 되지 않아서 교회를 유지하기는커녕 사는 것도 쉽지 않죠. 아내는 찬송이를 돌보느라 아무 일도 할 수 없고요. 제가 낮에는 목회를 하고 밤에는 대리운전을 하는데, 언 발에 오줌 누기 같아요. 부끄러운 말이지만 겨울이 다가오니 걱정이 됩니다. 찬송이에게는 정말 미안해요. 데려왔으면 잘 키워야 하는데 아빠가 능력이 이것밖에 되지 않아서 말입니다."

'이렇게 열악한 환경에서 찬송이를 키우느니 차라리 장애인 시설을 알아보면 좋지 않겠느냐'던 보건소 직원의 말에 부부는 펄쩍 뛰었단다. 부모가 시퍼렇게 살아 있는데 어떻게 내 새끼를 시설에 보낼 수 있냐며 절대 그럴 수 없다고 말이다. 하지만 그런 생각조차 부모의 욕심이 아닌지 되돌아보게 된다고 한다.

찬송이가 시설에 가면 햇볕과 바람을 쏘일 수 있고 더위와 추위를 걱정하지 않아도 된다. 전문적인 재활치료도 받을 수 있고 잘 씻기고 잘 먹일 것이다. 지금 지내는 곳보다는 환경이 훨씬 나을 것이다. 그러나 그런 생각도 잠시, 아이를 떼어놓는다는 상상만으로도 가슴이 미어져 눈물이 쏟아진다.

"최근에 찬송이를 친자에서 입양아로 변경했어요. 저희가 차상위

계층이라서 찬송이가 의료비 혜택을 받을 수 없다는 거예요. 찬송이에게 들어가는 병원비가 만만치 않거든요. 그래서 의료비 혜택이라도 받기 위해 다시 입양아로 호적을 고쳤어요. 입양아든 친자든 내 자식이라는 사실은 변하지 않지만 호적을 고치는 데도 얼마나 많은 고민을 했는지 몰라요. 하지만 찬송이 치료를 위해서 저희들 욕심이나 체면은 버리기로 했어요. 지금은 찬송이를 위해서 어떻게 해야 좋은 것인지 저희도 판단이 힘들어요. 그래서 고민은 잠시 접어두고 저희 부부가 보호해줄 수 있는 날까지는 함께 살려고 해요. 그러다가 정 어려운 상황이 오면 그때 다시 생각해봐야죠."

너무나 쉽게 아이를 버리고 포기하는 세상에서 찬송이 부모 같은 사람을 찾기란 쉽지 않다. 배 아파 낳았든 가슴으로 낳았든 부모 자식으로 한 번 맺은 인연을 이처럼 소중하게 지켜나가는 부부의 모습이 놀랍기까지 하다. 찬송이의 미래를 걱정하는 두 사람에게 찬송이를 위한 가장 좋은 선택이 무엇인지 자신 있게 말할 사람이 어디 있을까. 다만 희숙 씨의 건강이 회복되고 상일 씨의 경제적 상황이 좋아져서 찬송이가 오래오래 부모 품에서 행복하길 바랄 뿐이다.

# 절망을 딛고 되찾은 희망의 소리

* 청각 장애 주영이와 엄마 남미례

"야, 이 ××야! 너 귀먹었어? ××놈……."

잠깐 한눈을 판 사이였다. 길을 지나던 택시기사가 주영이(22) 옆에 서더니 손가락질까지 해가며 큰소리로 욕설을 퍼붓고 있었다. 목에 핏대를 세우며 화를 내는 택시기사를 그저 물끄러미 바라보고 있는 주영이. 그런 주영이의 태도에 더욱 화가 났는지 더 큰 목소리로 욕설을 퍼붓는 택시기사. 엄마는 황급히 달려와 택시와 주영이 사이를 막아섰다.

"죄송해요, 아저씨. 이 아이가 정말 귀가 들리지 않아요. 진짜로 귀가 먹었다고요. 들리지 않아서 그랬으니 이해해주세요. 죄송해요."

엄마의 사과에도 불구하고 분이 덜 풀렸는지 택시기사는 몇 마디 욕을 더 하고 자리를 떴다. 엄마 남미례(52) 씨는 그때 알았다. 주영이가 청각 장애인으로 살아갈 세상이 바로 이런 모습이라는 것을.

"아저씨가 얼굴에 대고 막 욕을 하는데 아이는 무슨 소리인지 알아듣지를 못하니 바보처럼 당하고 있을 수밖에요. 누가 무슨 소리를 해도, 억울한 말을 하거나 모함을 해도, 욕을 하고 놀려도 주영이는 가만히 듣고 있을 수밖에 없잖아요. 들리지 않는다고 남에게 그런 대우를 받으면 안 되는 건데……."

엄마는 그날 눈물을 꾹꾹 눌러 참으며 어린 아들에게 '나쁜 새끼' '××놈' 등의 욕을 가르쳤다. 욕이 무엇인지, 상대편이 욕을 하면 어떤 기분이 드는지, 왜 남에게 욕을 하지 말아야 하는지 밤이 늦도록 가르치고 또 가르쳤다. 그래야 어디 가서 욕먹지 않는 아이가 될 것 같았다. 무시당하지 않는 아이로 자랄 것 같았다.

"주영이는 조산아였어요. 예정일이 9월이었는데 6월에 태어났고,

엄마는 아들을 강하게 키우기 위해

스스로 독해지는 법을 배웠다.

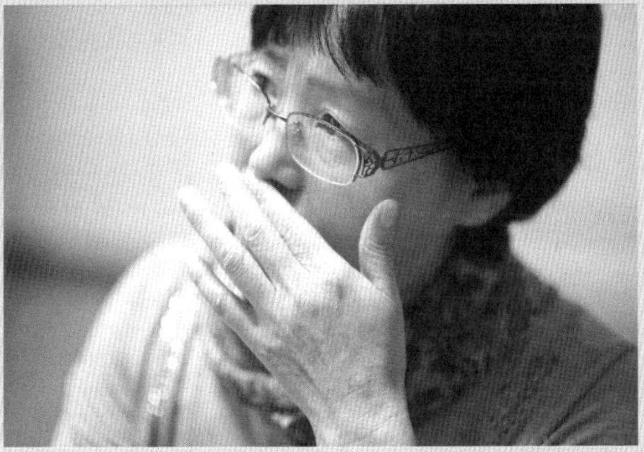

두 달을 인큐베이터에서 살다가 8월에 제 품으로 돌아왔어요. 퇴원할 때 몸무게도 겨우 2.3킬로그램이었죠. 주영이가 입원해 있던 병원이 생긴 이래 가장 작은 아기였다고 들었어요."

예정보다 일찍 태어나긴 했지만 주영이는 인큐베이터에서 잘 견뎌줬다. 조산아들에게 흔히 온다는 합병증도 없었고, 먹는 양은 적어도 젖병을 제법 잘 빨아서 두 달 만에 무사히 퇴원할 수 있었다.

"처음엔 저도 잘 몰랐어요. 손뼉을 치거나 큰 소리를 내면 고개를 돌리는 것 같았거든요. 그런데 뭔가 이상하다는 생각이 조금씩 들더라고요. 어린이용 비디오를 틀어놓아도 별 관심을 안 보이는 것 같고, 다른 아이들은 소리 나는 쪽으로 반응하는데 그런 반응도 잘 보이지 않았고요."

엄마는 분명히 아기의 이상을 짐작했다. 다른 누구도 알 수 없는, 아기의 아주 미세한 부분까지 알 수 있는 사람이 엄마이기 때문이다. 하지만 주위 사람들은 공연한 걱정이라며 말조차 못 꺼내게 했다. 마음은 조급했지만 방법이 없었다. 돌잔치를 마치고 나서야 병원을 찾았지만, 당시만 해도 지금에 비해 진단 기술이 뒤떨어졌다. 결국 1년이 더 지나고 두 돌이 되어서야 정확한 진단을 받을 수 있었다. 엄마의 걱정대로 아기의 청각에 문제가 있었다.

"주영이는 청신경에 이상이 있어서 소리를 듣지 못합니다. 청신경 이상의 경우에는 수술 치료가 불가능해서 평생 농아로 살아가야 할 겁니다. 병원에서는 해줄 수 있는 일이 없으니 농아학교에 가보세요. 거기 가면 도움을 받으실 수 있을 거예요."

농아라니? 농아라는 말이 무슨 뜻이지? 어디가 아프다는 건가? 치료는? 수술은? 왜 병원에서 치료를 안 해주고, 평생을 그렇게 살아야 한다고 하는 거지? 농아학교가 뭔데 거기에 가라고 하지? 도대체 나와 우리 주영이에게 왜 이러는 거지? 엄마는 서럽고 두려워져 의사에게 매달렸다. 우리 아기를 치료해달라고, 수술이라도 해달라고 울며불며 애걸하다가 결국은 끌려나왔다.

"농아가 무슨 말인지 몰랐어요. 청력에 문제가 있으면 수술을 해주든지 약을 주든지 해야지, 아무런 처치도 해주지 않고 평생 농아로

비록 배드민턴 선수의 꿈은 접었지만

대학 입시를 준비하며 새로운 길에 도전한다.

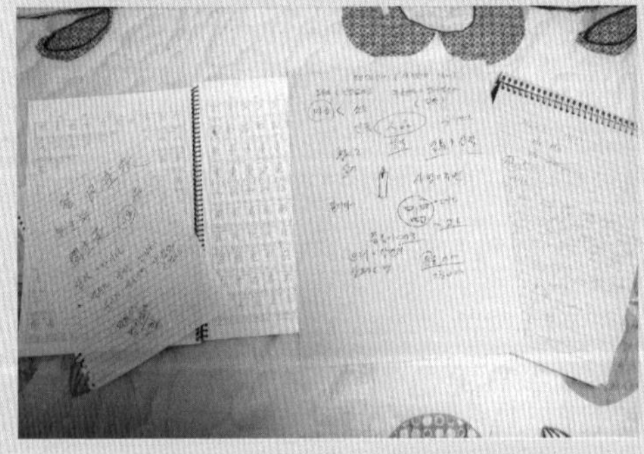

살라니 그게 무슨 말이냐고 따졌죠. 농아라는 말이 무엇인지 설명을 해달라고, 알아듣게 이해시켜달라고 했어요."

장애에 대해 이렇게 모르고 살 수 있을까 싶을 정도로 무지했던 엄마 미례 씨는 병원을 나선 후부터 바로 공부를 시작했다. 농아가 무엇이고 청각 장애가 무엇인지, 농아인 아들을 위해 무엇을 어떻게 해야 하는지 모조리 공부했다. 주영이를 잘 키우기 위해서라면 무엇이든 할 수 있었다.

"주영이는 서너 살 때부터 보청기를 끼고 지냈어요. 어린 몸에 기계를 달고 다녔으니 얼마나 귀찮았겠어요. 보청기가 큰 소리 작은 소리를 구별하며 작동하는 것이 아니다 보니 어떨 땐 소리가 필요 이상으로 크게 들려서 아이가 깜짝 놀라기도 했죠. 귀에 보청기를 걸고 다니는 아이를 사람들이 이상하게 바라보는 것 같았고요. 네 살 때는 주영이가 보청기를 버리고 온 일도 있었어요. 보청기를 하나 맞추려면 몇 백만 원이 들었는데, 그게 없어졌으니 제가 얼마나 놀랐겠어요. 돈도 돈이지만 주영이에게는 그게 귀나 다름없는데……. 엉덩이를 한 대 때려주면서 혼을 냈더니 제 손을 잡고 학교 운동장으로 가더라고요. 손가락으로 가리키는 데를 보니 미끄럼틀이었어요. 보청기를 그 아래에 감춰둔 거예요. 너무 속상해서 혼을 내기는 했지만, 아이가 이렇게 귀찮아하는데 보청기를 계속 끼라고 해야 하나 갈등이 되더라고요."

다른 아이들에 비해 작고 약했던 주영이 몸에는 언제나 기계가 달려 있었다. 양쪽 보청기가 연결된 박스였다. 보청기를 조심스럽게 다루고 잃어버리지 말라고 주의를 주었지만 어린 주영이에게 주렁주렁 달린 기계들은 귀찮은 물건일 뿐이었다.

주영이의 청력은 거의 살아 있지 않지만 보청기를 이용하면 제한적이긴 해도 약간의 소리를 들을 수 있다. 최근에 나온 디지털보청기를 사용하면 듣는 기능이 좀 더 좋아지겠지만 가격이 수 천만 원대를 뛰어넘는 고가인데다 5년에 한 번 나오는 장애인 보장구 지원이 보청기 가격의 20~30퍼센트 수준에 머물다 보니 그림에 떡이다.

"복지 단체나 기업에서 청각 장애인에게 소리를 찾아준다는 취지의 기부 행사로 보청기를 지원해주는 경우도 있지만 주영이에게는 소용이 없어요. 행사를 통해 지원되는 보청기는 기본적인 기능만 있어서 주영이처럼 청신경 이상이나 복잡한 문제로 듣지 못하는 경우에는 쓸 수가 없는 거죠. 보청기로 주지 말고 일부 비용을 보조해주면 좋겠어요. 현금 지원을 받을 수 있는 기회가 거의 없거든요."

주영이는 청신경 장애가 있는 선천성 청각 장애인이며 말로 소통하지 못하는 농인이다. 하지만 어린 시절부터의 꾸준한 훈련으로 간단한 대화(구화)가 가능하다. 이 정도의 소통이 가능하기까지 엄마의 피나는 노력이 뒷받침됐음은 말할 것도 없다.

"아이를 데리고 일반 유치원에 가봤지만 받아주지 않았어요. 수소문 끝에 노량진에 있는 청각 장애인 학교를 찾아 부설 유치원에 다니게 했죠. 하지만 학교에서 배운 것만으로는 소리를 내지 못하더라고요. 그래서 언어치료를 시작했어요. 비보험이라 30분에 4만 원 정도 들었지만, 아이가 말만 할 수 있다면 무엇이든 하고 싶었어요."

미례 씨는 주영이가 말을 할 수 있게 된다면 못할 일이 없었다. 치료도 수술도 할 수 없는 아이. 장애와 싸워 이기는 수밖에 길이 없었다. 하지만 어린 주영이에게는 너무나 힘든 과정이었다. 엄마는 의지에 불타고 있었지만 너무 어렸던 주영이는 아직 자신의 장애와 싸울 준비가 되어 있지 않았다.

"지금 생각하면 어린아이에게 너무했나 싶기도 해요. 낮에 유치원 다녀오고 언어치료까지 마치고 오면 그날 배운 것을 온종일 연습시켰어요. 청각 장애인들은 입이 아닌 목과 혀로 소리를 내요. 예를 들면 '아'는 혀를 아래로 눌러주며 소리 내라고 가르치죠. 하지만 자기가 내는 소리를 듣지 못하니까 자꾸 잊어버리는 거예요. 낮에 배운 것을 잊지 않게 연습시키느라 잠도 안 재웠어요. 자정까지 하다 보면 아이는 당연히 졸아요. 그러면 찬 물수건으로 얼굴을 닦아주기도 하고 꼬집기도 하면서 훈련을 시켰죠. 조금만 더 하면 소리를 낼 것 같았거든요. 아무리 연습을 시켜도 자고 나면 잊어버리더라고요. 그래도 포기하지 않았어요. 저도 참 지독한 엄마였네요."

말하는 사람들의 세상에서 말을 하지 못하는 사람으로 살아야 하는 주영이. 미례 씨는 주영이가 말하는 세상에서 살아가도록 하기 위해 '계모'라는 소리를 들을 정도로 지독하게 가르쳤다.

"주영이의 세상은 아주 좁아요. 세상 모든 것을 글로 배워야 하니까요. 주영이에게는 한글도 한국말도 수화도 모두 외국어와 같아요. 하나부터 열까지 배우지 않으면 모르거든요. 아, 야, 어, 여 소리를 내는 데만도 몇 년이 걸렸고 엄마, 아빠라는 소리와 단어, 그리고 그

의미를 배우는 데 또 많은 세월이 필요했죠. 일곱 살에 겨우 엄마, 아빠를 불렀으니까요."

주영이에게 주어진 첫 번째 과제는 성대와 혀를 이용해 소리를 내는 일이었고, 그다음은 우리가 사용하는 한글을 소리로 옮기는 일이었다. 건청인(청각 장애인의 반대 의미로 비장애인을 지칭함)들은 소리를 듣고 그 소리를 흉내 내면서 말과 글을 배우지만, 농인들은 소리는 듣지 못한 채 훈련된 혀의 움직임으로 소리를 내며 그 소리가 의미하는 뜻 역시 글이나 그림을 통해 배워야 한다. 단어 하나를 말하기 위해 수많은 노력이 필요한 것이다.

"말과 글을 가르치는 과정이 정말 어렵죠. 어릴 때 감, 사과를 힘겹게 읽게 했지만 막상 글씨만 주고 감을 찾아보라고 하니 못 찾더라고요. 감을 보고 감이라고 소리를 내기까지도 많은 시간이 걸렸어요. 그러다 보니 책 읽는 일을 어려워해요. 어려운 단어가 나오면 거기서 막혀버리거든요. 제가 수화를 조금 하지만 어려운 단어를 설명해줄 실력은 되지 않아요. 책을 읽다 보면 그런 단어가 한두 개가 아니잖아요. 그때마다 선생님께 물어볼 수도 없고…… 그러니 문자에 대한 거부감이 있는 것 같아요. 인터넷, 신문, 책 같은 걸 별로 가까이 하지 않아요."

감정을 표현하는 단어를 가르치기는 더욱 어려웠다. 기쁘다, 슬프다, 즐겁다, 행복하다, 사랑한다, 우울하다, 가슴이 미어진다 등 건청인들이 살아가며 자연스럽게 습득하는 다양한 감정마저 주영이는 글로 배워야 했다. 주영이가 사용하는 말과 글 그리고 수화로는 건청인만큼 다양한 어휘와 억양을 표현해낼 수 없기에 더욱 안쓰럽다.

"가끔 주영이가 '엄마가 내 마음 알아? 청각 장애인으로 사는 게 얼마나 힘든지 알아?' 라고 말할 때 정말 가슴이 아파요. 엄마조차도 청각 장애인이 아니라서 주영이의 세계를 이해할 수 없거든요. 얼마나 답답하겠어요. 속에 있는 것들을 말로 풀어내고 쏟아내고 이해받고 싶을 텐데 가장 가까운 가족에게조차 그걸 못하잖아요."

착하고 똑똑한 여동생을 바라볼 때 주영이는 기쁘기도 하지만 한편 슬프기도 했다. 남매이지만 장애인과 비장애인으로 사는 것에 분명한 차이가 보이기 때문이다. 주영이도 동생처럼 들을 수 있고 말할 수 있다면 동생처럼 밝고 자신 있게 당당한 자세로 살 수 있을 것 같았다. 그래서 가끔은 동생과 비교되는 자신이 초라해져 낙심하기도 하고 실망하기도 하지만 주영이는 그런 동생이 있어 자랑스럽기도 하다.

"동생도 수화를 잘해요. 저와 대화를 많이 하지는 않지만 그래도 동생이니까 사랑하죠. 동생도 저를 좋아하고 잘 따라요. 그래서 월급날이 되면 용돈도 주고 가끔 피자도 사주고 선물도 주고 그래요."

스물두 살인 주영이는 농아학교를 졸업한 후 한 전자회사에 취업해 일을 하고 있다. 장애인 특수전형을 통해 대학에 입학할 수 있었지만 진학은 급하지 않았다. 먼저 대학에 입학한 선배들이 수업을 따라가지 못하고 중도 포기하는 경우를 적지 않게 봤고, 어렵게 대학을 졸업해도 청각 장애인이라는 이유로 취업의 기회를 얻지 못하는 경우가 많아 진학보다는 사회경험을 쌓는 일이 먼저라고 생각한 것이다. 수화통역사 유은식 목사의 도움을 받아 주영이와 대화를 나눠봤다.

"고등학교를 마치고 직업학교를 거쳐 취업했어요. 전자제품을 조립하는 회사인데 청각 장애인과 다른 장애인을 포함해 서너 명이 일하고 있어요. 그런데 직장생활을 하다 보니 대학을 가야겠다는 생각이

들더라고요. 장애인 특별고용제도로 취업을 해서 임금이나 진급에 한계가 있고, 하고 싶은 일을 할 기회도 적고요. 그래서 다시 수능을 준비하려고 해요. 비장애인들과 함께 경쟁하고 싶고 같은 조건에서 일하고 싶거든요."

주영이는 노동에 비해 낮은 월급과 어려운 진급이 불만이었다. 청각장애인의 경우 지적 장애나 자폐성 장애인에 비해 작업 수행 능력이 뛰어난 것은 물론이고 오히려 집중력 면에서는 비장애인보다 우월한 모습을 보이는데 각 장애별 특성을 고려하지 않고 장애인 평균에 맞춘 일률적인 월급 기준을 정하다 보니 주영이와 같은 불만을 가진 장애인들이 생기는 것이다.

그래서 주영이는 장애인 특별고용제도로 취업한 다른 장애인들처럼 생산성과 능률을 낮추고 월급도 낮게 지급되는 직장보다는 비장애인들과 같은 조건에서 일을 하면서 일반 근로자와 같은 대우를 받고 싶다.

"제가 받는 월급이 얼마 되진 않지만 부모님 밥도 사드리고 여동생 용돈도 주고 나머지는 모아서 대학등록금으로 쓰려고 해요. 이젠 저도 성인이니까 부모님께 학비를 대달라고 할 수 없잖아요. 대학등록

부모님 용돈도 드리고

여동생 선물도 챙기는 주영이.

자신을 믿고 지지해주는 가족에게

한없이 고마운 마음이다.

금이 모이면 그땐 회사를 그만두고 대입 준비만 하려고 해요. 장애인으로서가 아닌 보통사람으로 대우받으면서 직장에 다니려면 제가 먼저 자격을 갖춰야 하니까요."

어린 시절 주영이는 영민하며 운동신경도 좋은 아이였다. 청각 장애 특수학교인 애화학교를 다닐 때 배드민턴에 남다른 재능을 보였던 주영이는 학교 대표로 전국대회에 나가 받아온 상도 여러 개다. 한때 배드민턴 선수가 되는 꿈을 꾸던 시기도 있었다. 하지만 예상치 못한 질환으로 꿈을 접어야만 했다. 주영이는 아무도 볼 수 없는 곳에 자신의 자랑이었던 상장과 메달을 감추어두었다. 말로는 자랑할 만한 것이 못 돼서 넣어두었다고 하지만 엄마 생각은 달랐다. 부상으로 접어야 했던 대표선수의 꿈을 생각나게 하는 것들이라 볼 때마다 아쉬운 마음이 들어 차라리 보이지 않는 곳에 넣어두었다는 것이다. 엄마는 마음이 아팠지만 다행히 주영이는 빨리 마음을 접고 다른 길을 택했다. 운동이 아니라면 공부를 해서 성공하기로 마음먹은 것이다.

"일반 중학교에 입학했지만 배드민턴 선수를 계속하기 위해 농아학교로 전학을 했어요. 그런데 얼마 못 가서 무릎 이상으로 더 이상 선수 생활을 할 수 없게 됐죠. 제가 스스로 그만두기로 결정했기 때문에 어쩔 수 없었지만 갑자기 미래가 바뀌고 나니 혼란스러웠어요. 선수가 되지 못할 것이었다면 일반학교를 다니면서 공부를 계속하는 편이 나았을걸, 하는 후회도 있었고요. 특수학교는 일반학교 교육과정과 달라 학업 차이가 많이 나거든요."

배드민턴이 아니었다면 일반학교를 다니며 다른 아이들처럼 대학입시를 준비했을 것이라고 말하는 주영이. 농아학교 교육과정이 대학입시에는 적합하지 않았기 때문에 졸업 후 다시 공부를 하려니 힘에 부치는 모양이었다.

"일반 중·고등학교를 나왔더라면 힘들긴 해도 어느 정도 공부를 했을 거예요. 부족하면 학원을 다니든 과외를 하든 했겠죠. 특수학교는 대입과는 상관없는 공부를 해요. 특수학교를 다니면서 대학에 가겠다고 생각하는 친구들이 많지 않고, 학생들마다 장애의 정도도 워낙 다양하다 보니 선생님들도 대학을 염두에 두고 가르치지 않거든요. 그러니 일반학교에 다니는 학생들에 비해 학력 수준이 떨어질 수밖에 없죠."

게다가 농아학교에서도 수화 사용이 점차 줄어들고 있다. 달팽이관 이상으로 소리가 들리지 않는 경우 청신경을 전기로 자극해 소리를 인식하도록 하는 인공 와우를 이식하는 수술도 있고, 보청기와 각종 의료기술을 통해 소실된 청력을 어느 정도 되찾는 경우도 있어서 약간의 청력을 사용할 수 있는 구화가 보편화되고 있다. 이는 일반인들과의 소통에도 편리하다는 점에서 부모와 교사들이 선호하는 교육 방식이다. 그러다 보니 수화를 언어로 사용하는 농아인은 점점 줄고 대신 구화인 학생이 늘고 있다.

사정이 이러하니 농아학교에서조차 수화보다는 구화 위주로 수업을 진행하고 있어 수화 가능 교사들이 적을 수밖에 없다. 농아학교 교사 중 6퍼센트 정도만 수화가 가능한 정도다. 그러나 문제는 구화 훈련을 한다고 해도 입 모양만으로 상대의 말을 정확하게 이해하는 일이 거의 불가능하다는 것이다. 대학입시를 목적으로 할 만큼 난이도 높은 수업은 진행하기 힘들다.

"드라마나 영화에서는 청각 장애인이 구화를 잘 알아듣는 것처럼 묘사되는 경우가 있지만 실제로는 그렇지 않아요. 비장애인들이 소리가 들리지 않는 상태에서 입 모양만으로 단어를 전달해보면 금방 이해가 될 거예요. 그게 생각처럼 쉽지 않거든요. 그런 오해 때문에 정작 청각 장애인들이 더 큰 불편을 겪기도 해요. 사실 구화는 수화를 모르는 건청인들의 편의를 위해 배우는 측면이 더 커요. 어찌 보면 일방적인 소통 방식이죠."

이처럼 이해와 표현의 한계가 있는 구화로는 과학·물리·수학·언어 등 중·고등학교 과목을 가르치기도, 배우기도 쉽지 않다. 농아학교의 학업 수행 능력이 일반학교에 비해 현저히 떨어지는 이유가 여기에 있다. 하지만 수화만 고집해도 안 되는 이유가 있다. 수화를 알지 못하는 건청인들과 함께 살기 위해서는 그들과 의사소통이 가능할 만큼의 구화를 사용할 수 있어야 하기 때문이다.

"어릴 땐 엄마가 계모처럼 밉고 싫었어요. 잠도 안 재우고 말을 가르치는데 무서워서 도망치고 싶었죠. 밤을 새더라도 말이 될 때까지 반복시켰거든요. 하지만 지금 생각해보면 그렇게 가르쳐준 엄마가 감사하죠. 고마우신 분이 또 있어요. 애화학교에서 5학년부터 6학년까지 저에게 말을 가르쳐준 백소자 선생님이에요. 그분은 정말 열심히 가르치셨어요. 잘 안 되는 아이들은 일찍 등교시켜서 1교시 수업 전에도 가르치셨고, 방과 후에도 남아서 가르치셨는데 엄마와는 비교도 안 되게 강하게 가르치셨어요. 백소자 선생님 덕분에 이만큼이라도 말을 할 수 있게 됐어요. 어릴 땐 몰랐는데 클수록 선생님께 감사한 마음이 들어요. 이제라도 선생님께 감사 인사를 전하고 싶어요."

주영이는 요즘 회사를 다니면서 한편으로는 수학능력시험을 준비하고 있다. 농아학교에서 배우지 못했던 일반학교 중·고등학교 과정을 수화가 가능한 개인교사를 통해 배우고 단계를 밟아 대학입시까지 도전하는 것이 목표다. 물론 쉽지 않은 공부가 될 것이며 생각보다 긴 시간과 많은 인내를 필요로 할지도 모른다.

"어려움은 각오하고 있어요. 제가 부딪쳐야 할 세상이 두렵지만 자격을 갖추고 나면 두려움을 극복할 수 있을 거라고 생각해요. 지금은 제가 여러 가지로 부족해서 겁나고 자신감도 떨어지고 당당하지 못하지만, 공부를 많이 하고 다른 어떤 사람들에 비해서도 떨어지지 않는 능력을 갖춘다면 일반인들과의 경쟁에서도 밀리지 않을 거예요. 장애인으로 대우받기를 원하지 않아요. 그냥 똑같이 경쟁에 참여하는 동료로, 일반 직장인으로 살고 싶을 뿐이에요."

주영이에게는 예쁜 꿈이 있다. 장애인이 아닌 보통의 남자로 자기를 이해해주는 착한 여자를 만나 결혼하고 아이를 낳고 직장생활을 하고, 때로는 부모님을 찾아뵙고 가족끼리 해외여행도 다녀보며…… 그렇게 다른 사람들이 사는 것처럼 평범하고 따뜻하게 사는 꿈이다. 주영이는 그 꿈을 위해 오늘을 희생하기로 했다. 낮에는 일하고 저녁에 공부하는 하루하루가 쉽지 않은 과정이겠지만 언젠가는 이루어낼 꿈을 위해 기쁘게 인내하기로 했다.

여전히 사회는 청각 장애인의 손 말(수화)에 무심하다. 그들의 손 말에 눈길을 주려 하지 않으며, 무언(無言)이 하는 말에 관심을 가지려 하지 않는다. 하지만 주영이는 도전을 멈추지 않을 것이다. 그것이 주영이가 오늘을 사는 이유이기 때문이다.

한 누리꾼은 청각 장애인의 말 못하는 답답함을 짧은 넋두리로 표현했다.

전화 하고 싶어도 말 못 해. '사랑해' 하고 싶어도 말 못 해.

노래 듣고 싶어도 듣지 못해. 버스 탈 때 '학생이에요' 말 못 해.

'저기요' 부르고 싶어도 말 못 해. 텔레비전 듣지 못해 재미없어.

누가 길을 물어도 말 못 해서 못 가르쳐 줘.

벨 소리 못 들어 밖에서 하루 내도 문 못 열어

엄마가 없었다면 주영이가

소리를 내는 일은 쉽지 않았을 것이다.

이처럼 강인한 엄마와 아들이 또 있을까.

싸움할 때 욕을 해도 듣지 못해 딴청하고

딴 사람이 위험할 때 '위험해' 소리치고 싶어도 말 못 하고

말 못 해, 말 못 해, 전부 다 말 못 해.

우리는 그들의 어려움에 얼마나 공감하고 있을까. 그들의 외로움을 얼마나 이해하고 있을까. 그리고 그들을 위해 어떤 노력을 하고 있을까. 고민의 무게가 더 묵직해진다.

# 세상의 문을 열고

# 사랑을 꿈꾸며

* 자폐성 장애 관태와
엄마 필감려

서울시 송파구 마천동에 위치한 굿윌스토어. 커다란 매장 안에 옷과 가전제품, 공산품 등이 빼곡하게 진열되어 있다. 옷도 공산품도 모두 새것 같아 보이지만 가격은 1000원에서 5000원 사이. 고가라고 해봐야 몇 만 원을 넘지 않는다. 이곳은 기부된 물건을 손질해서 다시 파는 재활용품 매장이다. 옷걸이에 걸린 옷들을 이리저리 살펴보고 있는데 한 청년이 말을 건넨다.

"2000원입니다."

목소리 톤이 일정하고 손님과 눈을 마주치지 않는 것을 보니 자폐 장애를 가진 청년인 모양이다. 이 매장에서는 이 청년 말고도 10여 명의 장애인 청년들이 일을 하고 있다. 특수학교를 졸업한 장애인들에게 굿윌스토어는 꿈의 일자리로 불린다. 좋은 환경에서 좋은 대우를 받으며 일을 할 수 있는 몇 안 되는 장애인 작업장이기 때문이다.

의류 진열대를 지나니 커피 매장이 눈에 들어온다. 관태(22)가 일하는 곳이다. 다가가서 메뉴판을 살펴보고 있으니 대뜸 주문을 받는다.

"어서 오세요. 무엇을 드시겠습니까? 아이스 아메리카노요? 네, 감사합니다."

주문한 커피를 만들기 위해 익숙한 손놀림으로 커피 머신을 다루는 모습이 여느 카페에서 일하는 바리스타들과 다르지 않다. 손님들 말에 따르면 관태가 만드는 커피는 특별히 맛도 좋단다. 좋은 솜씨와 준수한 외모. 이 정도면 관태를 송파의 '커피프린스'라고 불러도 손색이 없을 듯하다.

"저는 모든 일에 감사하고 또 감사해요. 우리 관태가 일을 하게 될 줄은 꿈도 꾸지 못했거든요. 손자 걱정만 하다가 돌아가신 시어머니가 이런 관태를 보셨다면 얼마나 좋아하셨을까."

관태는 자폐성 장애 2급 판정을 받은 청년이다. 그는 장애인 특수학교를 졸업하고 1년의 전공과 과정을 마친 후 바로 이곳에 취업했다. 그리고 취업 1년 3개월 만인 지난 7월에 훈련직원 딱지를 떼고 당당히 정식직원이 됐다. 한 달에 70여 만 원의 월급을 받는 관태. 엄마 필감려(50) 씨는 월급의 많고 적음을 떠나 관태가 사회의 한 구성원으로서 자기 몫을 해내고 있다는 사실 자체가 감격스럽다.

"산만하고 고집 세고 말썽 피우는 아이였지만 장애 때문이라고는 생각하지 않았어요. 주변에서 조심스럽게 자폐에 대해 이야기했지만 남편도 시어머니도 펄쩍 뛰기만 했죠. 저 역시 내 아이에게 장애가 있을 거라고 생각하고 싶지는 않았고요. 결국은 다섯 살이나 되고 나서야 진단을 받았어요. 병원에서 뇌 엑스레이 찍고 뇌파 검사도 하고…… 유사자폐라는 진단을 받았죠. 그때는 앞으로 관태와 살아갈 일이 무섭고 두려워서 눈물만 나더라고요."

보통 아이들보다 말이 늦은 아이. 잠시도 가만히 있지 못하고 무언가를 만지고 엎지르고 떨어뜨리고 다치는 아이. 화장대 위에 올려놓은

좋아하는 사람들과

맛있는 음식을 함께 먹는 기쁨을

이제 관태는 안다.

화장품을 다 쏟아내 얼굴에 바르는가 하면, 복사기에 얼굴을 대고 복사 버튼을 누르기도 하고, 자동차를 만져보고 싶어서 도로에 나가 두 팔 벌려 달려오는 차를 가로막는 아이. 잠시만 눈을 떼면 사고를 내는 아이가 관태였다. 오죽하면 어릴 때 찍은 관태 사진은 멈춰 있는 동작이 거의 없을 정도다. 사진 속 엄마는 늘 달아나는 관태를 잡으러 가는 모습이다. 관태는 초등학교 1학년 겨울방학이 되어서야 장애인 등급을 받았다. 감려 씨는 그때까지도 아들의 장애를 인정하고 싶지 않았다.

"관태는 산만하기도 했지만 좋아하는 일에는 무척 강한 집착을 보였어요. 그림 그리는 걸 좋아해서 스케치북 하나만 들려 주면 조용해졌죠. 하지만 누가 스케치북을 만지기라도 하면 난리가 나는 거예요. 건드리지만 않으면 아무 일도 없는데, 다른 애들이 어디 그런가요? 그러다 보면 애들이랑 싸움이 나기도 하고 소란이 일어나기도 했죠.

장애인으로 등록하는 일…… 사실 지금 와서 생각해보면 별것 아닌데, 그땐 왜 그렇게 받아들이기 어려웠는지 몰라요. 마치 아이를 버리는 느낌이더라고요. 엄마인 내가 아들을 장애인으로 낙인찍고, 앞으로의 삶도 장애인으로 살도록 결정해버리는 일 같아서요."

관태는 장애등급을 받기 전에 특수학급도 없는 일반학교에 입학했지만 다행히 좋은 선생님들을 만나 큰 어려움을 겪지는 않았다. 관태가 초등학교 1학년 때는 잠시 동안이었지만 선생님의 배려로 엄마와 함께 수업을 들을 수도 있었다. 이후에도 엄마는 늘 복도에서 관태의 수업을 지켜볼 수 있었다.

"사실 학교 보내기가 제일 무서웠어요. 수업 중에 교실을 막 돌아다닐 수도 있고, 친구들과 승강이를 벌이다가 물거나 다치게 할 수도 있고, 싫다고 바닥에 드러누워 떼를 쓰거나 고집을 부릴 수도 있잖아요. 학교에서 무슨 일이 일어날지 모르니 관태 곁을 떠날 수가 없더라고요. 오죽하면 교감 선생님은 제가 방과후수업 교사인 줄 아셨대요."

선생님들의 배려와 엄마의 보호 덕분에 관태는 어렵지 않게 초등학교 생활을 보낼 수 있었다. 하지만 감려 씨는 일반학교에서의 초등학교 고학년 과정이 관태에게 무리라는 생각이 들었다. 관태는 학년이 올라가면서 동급생들과 여러 가지 면에서 눈에 띄게 차이가 났다. 친구들은 몰라보게 성장하고 있었지만 관태는 입학 때와 그리 달라진 게 없었다.

친구들의 태도 역시 초등학교 저학년 당시와는 사뭇 달라졌다. 약하고 만만해 보이는 아이였던 관태는 거친 친구들의 공격 대상이 될 수밖에 없었다. 그런 사실을 알면서도 그대로 두는 것이 관태를 위해 바람직한 일인지 감려 씨는 고민했고, 결국 아이를 특수학교에 보내기로 결정했다. 장애인 등록을 할 때처럼 관태를 특수학교로 전학시킬 때도 감려 씨는 아이를 버리는 것 같은 기분이 들었다. 힘이 들어도 비장애아들 속에서 공부하고, 그들과 함께 살도록 도전해야 한다고 늘 생각해왔다. 그런데 그런 생각을 버리고 특수학교에 보내서 아예 장애인을 위한 교육만 받게 하는 건 아닌가 싶어서 엄마의 마음이 무거웠다.

하지만 시간이 지나고 보니 특수학교로 옮긴 것은 현명한 선택이었다. 전학 후 관태의 행동, 표정, 습관이 많이 달라졌다.

"특수교육 전문가들이니 아이를 대하는 방식이 달랐죠. 일반학교에서는 수업 참여가 힘들었지만, 특수학교에서는 아이들 수준에 맞는 수업을 진행하니까 아이들이 한 번씩은 참여할 기회를 보장받을 수 있고요. 특히 제가 많이 편해졌어요. 운동도, 특기 수업도, 학교에서 다 해주니까 데리고 다니지 않아도 됐고요. 학교에서 멀리 떨어져 있지는 못했지만 아이가 수업받는 동안 나름대로 제 시간을 가질 수 있었어요. 그런 시간조차 없었다면 저도 우울증에 시달려서 힘들었을 거예요."

일반학교에서는 부족하고 모자라며 늘 누군가의 도움을 받아야 하는 아이였던 관태. 하지만 특수학교로 옮긴 후 달라졌다. 관태는 자기보다 어려운 친구들을 도와줄 수 있게 됐고 선생님과 대화를 주고받는 관계로 발전했다. 일반학교에 있었다면 기회를 쉽게 누리지 못했을 특기 교육도 받을 수 있었다.

"고등학교 때 우연치 않은 기회로 비올라를 잡게 된 것이 인연이 돼서 장애인 오케스트라인 '사랑챔버오케스트라'에서 활동한 지 4년이 돼가요. 바리스타 일은 고등학교 때 밀알학교 2층에 있는 요한카페에서 직업체험을 하면서 배웠고요. 관태가 비올라를 그리 좋아하지는 않지만 거부하지도 않아요. 싫으면 바닥에 드러눕는 아이인데 그렇게 하지 않는 것만으로도 다행이죠. 관태는 바리스타 일을 좋아하는 것 같아요. 맛 좋은 커피를 만든다는 칭찬도 들었어요. 그래서인지 굿윌스토어에 와서도 다른 일은 하지 않고 카페 일만 하려고 해서 주변 사람들이 어려움을 겪었다고 들었어요."

관태가 능숙한 솜씨로 만들어낸 커피 향기가

오늘도 카페 안을 가득 채운다.

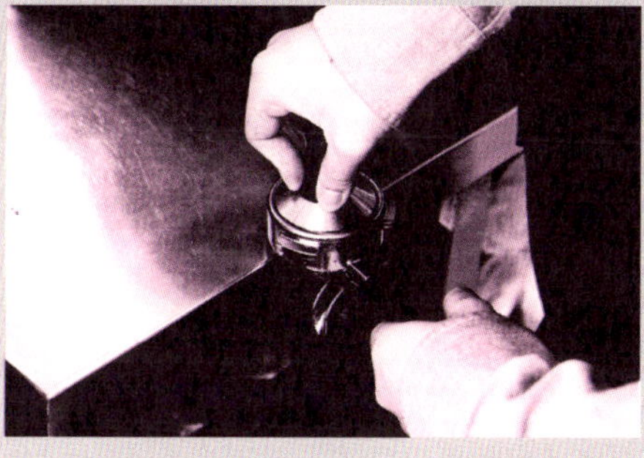

입사 초기부터 관태가 일하는 모습을 지켜봤다는 박용수 간사는 "처음과는 달리 이제는 관태가 직장생활에 잘 적응하고 일도 잘하고 있다"며 칭찬을 아끼지 않는다.

"어머님 말씀대로 처음에는 카페 일만 하려고 했어요. 카페 직원들이 3교대로 일을 하니까 카페 일을 하지 않는 시간에는 다른 일도 해야 했죠. 그런데 관태는 '힘들어서 못하겠다'고 고집을 부리더라고요. 책을 좋아해서 업무 시간에도 종종 구석에 앉아 책을 보기도 했고요.

관태 같은 친구에게는 말로 설명을 하기보다는 동기 부여를 하는 쪽이 낫겠다 싶었어요. 예를 들어 '훈련직원 월급 10만 원으로는 네가 좋아하는 치즈 타르트를 100개, 카페모카 40잔을 살 수 있지만 정식직원이 돼서 월급 50만 원을 받으면 치즈 타르트 500개, 카페모카 200잔을 살 수 있다'고 했죠. 그리고 '정식직원이 되려면 책은 쉬는 시간에만 봐야 하고, 매장 바닥의 쓰레기를 줍거나 계산대의 옷걸이를 비우는 일도 해야 한다'고 알려줬어요."

이런 방법은 효과가 있었다. 관태는 자신이 좋아하는 치즈 타르트 500개, 카페모카 200잔을 살 수 있을 만큼의 월급을 받기 위해서 하기 싫은 매장 일도 했고 일하는 시간에 책을 보는 버릇도 고쳤다. 관태는 매장에서 일하는 다른 친구들과도 사이좋게 지내고, 쉬는 시간일지라도 주문이 들어오면 서빙을 해야 한다는 융통성도 배웠다.

"관태는 비교적 수월하게 취업이 됐어요. 만약 취업이 안 됐다면 저도 힘들었을 거예요. 성인들이 이용할 수 있는 주단기보호시설이나 장애인복지관이 있지만 워낙 시설 수가 적고 대기인원만 수십 명이라 들어가기가 하늘의 별 따기예요. 저도 다른 엄마들처럼 아이를 위해서 뭐라도 하려고 여기저기 기웃거리고 다녔겠죠. 갈 데가 없다고 집에다 아이를 방치할 수도 없는 노릇이니까요."

장애아의 부모들은 아이가 성장하는 일이 두렵다. 정신연령과 여러 신체 기능은 여전히 장애아에 머물러 있는 채 졸업할 나이가 됐다는 이유로 무작정 학교를 떠나야 하기 때문이다. 졸업 후의 상황은 막막하다. 말이 졸업이지 졸업 후 받아줄 직장도 시설도 제대로 없다 보니 실제로는 가정으로 돌려보내진다고 하는 게 맞는 표현일 것이다. 감려씨 주변의 엄마들은 농담 반 진담 반으로 '(아이가) 고등학교를 한 10년쯤 다니면 좋겠다' 고 말하기도 한단다.

세상에 홀로 서기를 시작한 아들.

사랑을 꿈꾸고 미래를 꿈꾸며

한 걸음씩 나아가고 있다.

오전 10시에 출근해 오후 5시에 퇴근하는 관태가 주 5일을 근무하고 받는 월급은 세금을 제하고 대략 50만 원 정도다. 물론 이 수준의 월급으로는 완전한 자립이 어렵다. 하지만 능력에 따라 월급이나 인센티브에 차등을 둬서 완전한 자립이 가능한 수준까지 임금을 현실화하겠다는 것이 굿윌스토어의 계획이다.

"저는 이관태입니다. 나관중 《삼국지》를 좋아합니다. 게임은 한 시간만 합니다. 월급 타면 혜림이 맛있는 거 사줄 겁니다. 형도 사줄 겁니다. 어머니도 사줄 겁니다. 친척들도 사줄 거예요. 커피랑 빵, 맛있는 음식을 사줄 거예요."

"관태야, 혜림이한테 놀러 오라고 해. 혜림이도 좋아할 거야."

관태는 낯가림도 적고 비교적 대화가 수월한 편이다. 엄마 말로는 일을 하면서 아이가 부쩍 성장했다고 한다. 일을 통해 자존감도 높아지고 사회성도 좋아진 것이다. 관태 입에서 '혜림이' 라는 이름이 나오자 엄마는 재미있다는 듯 받아친다. 사람에게 특별한 관심을 두지 않는 관태가 유일하게 반응하는 친구가 혜림이다.

"혜림이는 관태의 초등학교 동창이에요. 초등학교 2, 3, 4학년 때 쭉 같은 반이었어요. 관태를 많이 도와주던 속 깊은 아이였죠. 혜림이는 지금 대학교에서 사회복지학을 전공하고 있는데, 얼마 전에 같이 만나서 밥도 먹고 커피도 마셨거든요. 관태가 어디서 봤는지 혜림이 커피에 빨대를 두 개 꽂아서 같이 먹자고 하더라고요. 심지어 혜림이 앞이라 방귀도 참았다네요. 관태가 그런 감정을 표현하니 신기하기도 했지만 한편으로는 마음이 아프기도 했죠."

자폐성 장애인이라고 해서 사랑을 하지 못하는 것도 아니고 결혼을 해서 가정을 꾸리지 말라는 법도 없지만 엄마 눈에 관태는 여전히 누군가를 책임지기보다는 보호를 받아야 할 아이다. 아이가 어른이 된 친구를 향해 '불가능한 어른의 꿈'을 꾸는 것 같아 안쓰럽다.

"관태의 먼 미래를 생각해보진 못했어요. 아이의 미래를 위해 공동생활 시설을 준비하며 돈을 모으는 부모들도 있고, 사회복지 공부를 해서 스스로 전문가가 되려는 부모들도 있지만…… 저는 부족한 사람이라 그런지 그런 계획도 없어요. 그냥 하루하루 관태와 열심히 최선을 다해 사는 게 전부랍니다. 조금씩 독립을 연습시켜서 부모가 떠났을 때도 살아갈 수 있도록 가르치겠지만, 남편도 저도 지금 생각으로는 관태 스스로 나가지 않는 한 억지로 떼어놓지는 않으려고 합니다."

인터뷰를 마치며 관태에게 앞으로 무엇이 되고 싶은지 물었다. 관태는 또박또박 답했다.

"관·리·자가 되고 싶습니다."

정식직원 3개월 만에 지점장을 꿈꾸는 관태. 욕심 많고 야무진 청년이다. 관태가 품은 꿈이 꼭 이뤄져서 10년 뒤, 20년 뒤 중년의 나이가 된 관태가 지점장이 되는 날, 또 한 번 멋진 인터뷰를 해보리라 마음먹는다. '꿈은 이루어진다'는 말이 커피 향처럼 진하게 가슴에 와 닿는 날이다.

**응 원 의 글**

# 사랑은 사랑만이 지킬 수 있다

_ 오한숙희 여성학자, 방송인

한 사람이 낼 수 있는 사랑의 힘은 얼마나 될까? 아이가 평생 누워만 있어도 좋으니 우리 곁에 있게 해달라고 빌었던 부모의 사랑, 아이를 위해 자신의 모든 것을 바치는 동안 진정한 행복을 깨달았다는 부모의 희생……. 이 부모들이 겪었을 시간은 엄청난 사랑의 자가발전이 아닐 수 없다.

나는 장애아의 엄마다. 아이의 장애와 더불어 살아가는 삶은 날마다 내 안의 적들과 맞서 싸우는 일로 시작된다. 끝없는 죄책감, 세월에 제곱하여 커져가는 두려움, 날로 지쳐가는 심신. 세상이 나를 돕는다 해도 이 싸움에서 이기는 일은 결코 쉽지 않다. 그런데 생각지도 않게 이 책을 통해 나는 새 힘을 얻었다.

"그래, 역시 사랑이구나. 사랑은 기적을 낳는다고 했어. 한 생명이 내 곁에 있다는 사실에 감사하자. 이 감사의 마음을 붙잡고 내 안의 적들에 맞서자."

이 책을 덮는 순간 다시금 내 안에 사랑의 불길이 솟구치는 것을 느꼈다. 생명에 대한 사랑을 느끼고 실천하는 일보다 더 강한 생명력은 없다는 것을 동료 부모들이 보여주었고 이것은 내게 사랑의 불쏘시개가 되었다. 장애아의 부모만이 아니다. 보통의 부모들 그리고 누군가를 돌보고 있는 사람들에게 이 책은 '그대가 내 곁에 있음' 자체를 감사하게 만드는 강력한 힘이 있다.

그러나 사랑의 자가발전에는 한계가 있다. 장애인 자녀와 함께 세상을 등져야 했던 부모에게는 과연 사랑이 없었을까? 이 책은 부모들이 사랑의 자가발전을 중단하지 않으려면 반드시 어디에선가는 동력을 공급받아야 한다는 사실을 절절히 깨닫게 해준다.

'옥타곤 써포터즈'라는 사랑 발전소가 있다. 경기도 광주 지역을 중심으로 활동하는 장애인 봉사 단체로, 20년 전 장애아를 키우던 어느 어머니가 '장애아 한 명을 키우려면 온 마을이 필요하다' 는 사실을 자각한 후 시작된 모임이다. 이 단체의 정신은 '장애인도 보통사람과 똑같은 인생을 살 수 있어야 한다'는 것이다. '옥타곤(octagon)'은 숫자 '8'을 의미하는데, 보통사람 여덟 명이면 장애인 한 사람을 이끌어 줄 수 있다는 믿음이 단체 이름에 녹아 있다.

이 책《특별한 너라서 고마워》는 수많은 행간마다 사랑 발전소에 대한 갈망을 담고 있다. 장애를 딛고 치열하게 살아가는 아이가 있다는 것, 그 아이를 보듬는 숭고한 부모와 가족이 있다는 것 그리고 이들의 옆집, 앞집, 뒷집에서 아주 조금만 도와줘도 이렇게 힘들진 않을 것이라는 아쉬움……. 그러니 이 책을 읽으면서 흘리는 눈물을 그저 휴지로 닦아버리지 말고 그 눈물을 모아 사랑의 수력발전을 일으키면 좋겠다. 장애아가 있는 가정에 사랑의 전력을 공급할 때 아이들의 삶이 빛날 수 있고 장애 역시 비극이 아닐 수 있다. 이러한 외침이 이 책의 곳곳에서 들려온다.

외침을 다 듣고 나면 이 책은 다시 질문을 던진다. 당신에게 지금 사랑이 있냐고. 그리고 조용히 청한다. 사랑이 있다면, 지금 당장 행동하는 사랑의 서포터즈가 되어보자고 말이다.

# 특별한 너라서 고마워

장애아 가족들의 눈물과 기쁨 그리고 사랑

1판 1쇄 펴낸날 | 2014년 2월 14일
1판 2쇄 펴낸날 | 2014년 12월 12일

지은이 | 김혜원
펴낸이 | 오연호
편집주간 | 김병기
편집장 | 서정은

펴낸곳 | 오마이북
등록 | 제313-2010-94호 2010년 3월 29일
주소 | 서울시 마포구 월드컵북로 396 누리꿈스퀘어 비즈니스타워 18층 (121-270)
전화 | 02-733-5505 팩스 | 02-3142-5078
홈페이지 | www.ohmynews.com 이메일 | book@ohmynews.com
페이스북 | www.facebook.com/Omybook

책임편집 | 차경희
디자인 | 공중정원 박진범
마케팅 | 황지희
관리 | 문미정
인쇄 | 천일문화사



ISBN 978-89-97780-10-5 03810

이 책의 인세 중 일부는 사회복지법인 밀알복지재단(www.miral.org)에 기부되어 장애아동을 돕는 데 쓰입니다.

이 도서의 국립중앙도서관 출판시도서목록(CIP)은 서지정보유통지원시스템 홈페이지(http://seoji.nl.go.kr)와
국가자료공동목록시스템(http://www.nl.go.kr/kolisnet)에서 이용하실 수 있습니다.(CIP제어번호: CIP2014002806)

오마이북은 오마이뉴스에서 만드는 책입니다.